不一样的阿尔山

内蒙古阿尔山市
旅游促进减贫与可持续发展
实践探索

周永振 ◎ 著

中国旅游出版社

项目策划：段向民
责任编辑：张　璐
责任印制：孙颖慧
封面设计：武爱听

图书在版编目（CIP）数据

不一样的阿尔山：内蒙古阿尔山市旅游促进减贫与可持续发展实践探索 / 周永振著. -- 北京：中国旅游出版社，2023.7

ISBN 978-7-5032-7167-0

Ⅰ.①不… Ⅱ.①周… Ⅲ.①地方旅游业－旅游业发展－作用－扶贫－研究－阿尔山市 Ⅳ.①F592.726.3 ②F127.263

中国国家版本馆CIP数据核字(2023)第128382号

书　　名	不一样的阿尔山：内蒙古阿尔山市旅游促进减贫与可持续发展实践探索
作　　者	周永振著
出版发行	中国旅游出版社 （北京静安东里6号　邮编：100028） http://www.cttp.net.cn　E-mail:cttp@mct.gov.cn 营销中心电话：010-57377103，010-57377106 读者服务部电话：010-57377107
排　　版	北京旅教文化传播有限公司
经　　销	全国各地新华书店
印　　刷	北京工商事务印刷有限公司
版　　次	2023年7月第1版　2023年7月第1次印刷
开　　本	720毫米×970毫米　1/16
印　　张	8.5
字　　数	130千
定　　价	59.80元
ISBN	978-7-5032-7167-0

版权所有　翻印必究
如发现质量问题，请直接与营销中心联系调换

不一样的阿尔山

申万胜题

前　言

阿尔山市是内蒙古沿边旗（市、区）之一，是国家旅游扶贫试验区（2013 年），是内蒙古通过发展旅游固边兴边富民的重要代表地区。2014 年春节前夕，习近平总书记在阿尔山市视察时指出"阿尔山自然风光四季都很美"，并做出了"阿尔山的旅游业一定会火起来"的科学研判。多年来阿尔山市干部、群众不忘嘱托，认真贯彻落实习近平总书记视察内蒙古及阿尔山市重要指示精神，牢固树立和践行"绿水青山就是金山银山"的理念，努力探索绿水青山转化为金山银山的现实路径。

内蒙古自治区党委政府在推动旅游强区建设中高度重视阿尔山市旅游发展，2022 年 1 月《2022 年内蒙古自治区人民政府工作报告》明确提出"支持黄河'几'字弯、阿尔山、额济纳等优势区块率先发展，打造一批资源深度整合、文旅深度融合的新样板，带动全区旅游从东到西都火起来、一年四季都热起来""支持兴安盟阿尔山创建国家级旅游度假区"，由此阿尔山市旅游发展进入快车道。

2014 年以来，作者就阿尔山市旅游促进减贫和可持续发展进行跟踪调研，深刻体会到习近平总书记"阿尔山的旅游业一定会火起来"科学研判，如今正在阿尔山市成为生动现实。多年来阿尔山市紧紧抓住旅游产业这一关键，通过旅游促进减贫和可持续发展，以旅游业高质量发展为目标不断奋进，初步实现了旅游产业质效同增。旅游在阿尔山市脱贫攻坚工作中切实发挥了作用，旅游减贫取得切实效果，全市60%以上的建档立卡贫困户通过参与旅游实现了增收（2019年4月，阿尔山市正式退出贫困旗县序列），贫困户人均年收入在1.3万元以上，实现了扶贫从"输血"到"造血"的转变。当前，阿尔山市正以"阿尔山国家级旅游度假区"创建为抓手，着力推动全市经济社会高质量发展，确定了旅游度假区以温泉街为核心，规划面积9.51平方千米，明确了"国内一流、国际知名"的发展定位，这是阿尔山市、兴安盟乃至内蒙古实现旅游业升级发展的标志性工程，走出了一条高质量发展旅游促进经济与生态相辅相成、相得益彰的新路子。

阿尔山市的实践进一步证明了中国特色的旅游减贫之路，始终关注人民对美好生活的向往，在突出当地居民主体地位的同时，强调政府与市场共同驱动作用，而旅游业的健康发展又能够显著促进欠发达地区经济社会的可持续发展。

旅游可以促进减贫与可持续发展，以旅游产业高质量发展引领经济社会高质量发展正当其时！

2023年6月

目 录

第一章 贫困、减贫与可持续发展 …………………………………… 1
    第一节 贫困与减贫 …………………………………………………… 1
    第二节 旅游减贫实践方式 …………………………………………… 6
    第三节 旅游可持续发展 ……………………………………………… 11

第二章 阿尔山市旅游发展与减贫历程 ………………………………… 16
    第一节 阿尔山市旅游发展概况 ……………………………………… 16
    第二节 阿尔山市旅游减贫历程 ……………………………………… 23

第三章 阿尔山市旅游促进减贫与可持续发展主要经验 ……………… 30
    第一节 "五小经济"成为脱贫致富的"大产业" ………………… 30
    第二节 乡村墙绘艺术助力乡村振兴 ………………………………… 34
    第三节 节事活动与扶持政策带动旅游市场 ………………………… 45
    第四节 实施规范化建设打造高品质核心景区 ……………………… 59

第四章 国家级旅游度假区建设助力阿尔山市高质量发展 …………… 71
    第一节 国家级旅游度假区标准与达标要求 ………………………… 71
    第二节 阿尔山国家级旅游度假区创建与难点分析 ………………… 79
    第三节 阿尔山国家级旅游度假区创新发展路径 …………………… 88

附件 ··· 92

    附件1 《兴安盟扶持旅行社发展实施方案》（2023年修订版）·········· 92

    附件2 2022年阿尔山市酒店民宿发展扶持政策（试行）················ 95

    附件3 阿尔山市2022年夏季旅游市场奖补政策·························· 98

    附件4 阿尔山市2020年秋冬季旅游奖补政策·························· 101

    附件5 关于《阿尔山市2020年秋冬旅游奖补政策》的解读·········· 104

    附件6 阿尔山市电子商务进农村综合示范项目"电商+旅游"实施方案 ·· 106

    附件7 阿尔山市国民经济和社会发展第十三个五年规划纲要·········· 109

    附件8 阿尔山市国民经济和社会发展第十四个五年规划及二〇三五年远景目标纲要 ··· 115

主要参考文献 ··· 126

后　记 ·· 128

第一章　贫困、减贫与可持续发展

第一节　贫困与减贫

一、贫困与贫困治理

贫困现象由来已久，贫困是困扰世界各国发展的顽疾，是人类社会共同面临的重大难题，摆脱贫困是各国人民共同期盼的美好愿望。目前，全球约有 7 亿人（占世界人口的 10%）生活在极端贫困中[①]（见图 1-1），各国和主要世界组织都把摆脱贫困作为重要目标[②]，建立一个没有贫困的社会，已经成为全球最重要的治理行动之一。

[①] 每日生活费1.9美元为国际贫困线（低于这个标准被视为极端贫困）。在全球范围内，生活在极端贫困中的人口比例已经从 1990 年的 36% 下降到 2015 年的 10%。他们对医疗、教育、用水和卫生设施等最基本的需求仍无法得到满足，其中大多数（超过 4 亿人）生活在撒哈拉以南非洲地区，同时全世界农村地区的贫困率是 17.2%，是城市地区的三倍多。1990 年世界银行首次在《1990 年世界发展报告》中提出每人每天 1 美元的收入标准被视为（最贫困国家）贫困线。世界银行一直使用购买力平价（Purchase Power Parity，PPP）来推导国际贫困线并估算全球贫困人口，因为世界各国价格水平趋于上涨，国际贫困线随着时间的推移而不断上升，从每人每天 1 美元改为 1.08 美元（1993 年 PPP）、1.25 美元（2005 年 PPP）、1.90 美元（2011 年 PPP），2022 年 5 月这一标准又被调整为 2.15 美元。新的国际贫困线于 2022 年秋使用，用来计算 2022 年及以后的全球贫困数据。

[②] 如世界银行（World Bank Group，成立于1944年，为世界上最大的发展机构之一，有189个成员国，在 130 多个地方设有办事处），世界银行把"消除贫困，提高世界各国人们的生活水平，促进可持续性发展，建立一个没有贫困的世界"作为其宗旨，其使命一是"消除极端贫困"（到 2030 年将极端贫困人口占全球人口的比例降低到 3%），二是"促进共享繁荣"（提高各国占人口 40% 的最贫困人群的收入水平）。

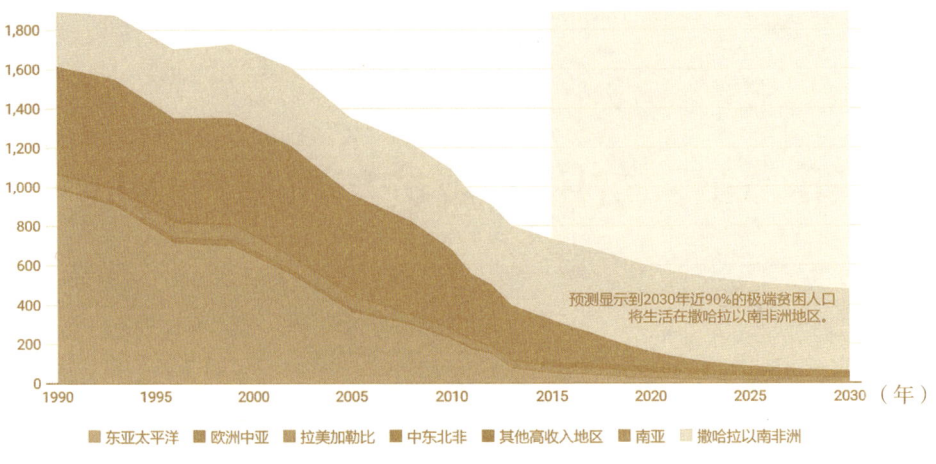

图 1-1 世界极端贫困人口变化（百万人）

备注：①资料来源于世界银行 PovcalNet 及贫困与平等数据门户（网址为 www.shihang.org/zh/understanding-poverty）；②在全球范围内，极端贫困发生率迅速下降，1990 年世界逾 1/3 人口（约 19 亿人）生活在极端贫困中，每天生活费仅为 1.9 美元或更低，2015 年极端贫困率达到 10%（约 7 亿人），是有记录以来的最低水平，在过去 30 年里，十多亿人摆脱了贫困，世界上约半数的国家将极端贫困率降至 3% 以下；③但是在撒哈拉以南非洲地区，极端贫困人口数量却在上升，2015 年撒哈拉以南非洲极端贫困人口数量占全球极端贫困人口的一半以上，世界银行预测显示，到 2030 年近 90% 的极端贫困人口将生活在撒哈拉以南非洲地区，导致该地区极端贫困人口数量集中的原因主要是政局不稳、战乱和疾病。

作为世界上最大的发展中国家，中国的贫困治理以农村减贫为重点，中国特色社会主义反贫困战略历程大约有七个阶段（李敏，2022）（见表 1-1），取得了切实有效的成果。特别是改革开放以来的四十多年，得益于经济发展，中国减贫速度明显快于全球，中国的贫困人口减少了至少 8 亿人[①]，占同期全球减贫人数的 3/4，是全球最早实现联合国千年减贫目标的发展中国家[②]（王金良，

---

① 1978—2019 年以来，中国平均每年有 1866 万人口脱贫。
② 联合国千年发展目标（Millennium Development Goals, MDGs）是 2000 年 9 月联合国全体成员国一致通过的一项旨在将全球贫困水平在 2015 年之前降低一半（以 1990 年的水平为标准）的行动计划（《联合国千年宣言》），世界各国就消除贫穷等商定了一套有时限的目标和指标，共八项：①消灭极端贫穷和饥饿；②实现普及初等教育；③促进两性平等并赋予妇女权利；④降低儿童死亡率；⑤改善产妇保健；⑥与艾滋病毒/艾滋病、疟疾和其他疾病作斗争；⑦确保环境的可持续能力；⑧制定促进发展的全球伙伴关系，统称为千年发展目标。

2022），加速了世界减贫进程，为全球减贫事业作出了巨大贡献[①]，具有重要的世界意义。

表 1-1 中国特色社会主义反贫困战略历程

序号	扶贫阶段	时间	具体方式
1	单一性的救济式扶贫阶段	1949 年至 1977 年	主要以实物救助为主，呈现"外部输血"式扶贫。
2	区域性的救济式扶贫阶段	1978 年至 1985 年	主要以财政物资与技术扶持为主，仍然呈现"外部输血"式扶贫特征。
3	全国性的经济开发式扶贫阶段	1986 年至 1993 年	在扶贫性质上发生了根本性的变化，主要以人力资本投资为主，呈现"外部造血"式扶贫特征。
4	参与性的综合开发式扶贫阶段	1994 年至 2000 年	以重参与、内外兼顾的扶贫方式为主，呈现"内外造血"式扶贫特征。
5	多元性的可持续发展式扶贫阶段	2001 年至 2010 年	主要以整村推进的扶贫方式为主，呈现"多元造血"扶贫特征。
6	多元性的精准开发式扶贫阶段	2011 年至 2020 年	既要预防已脱贫人员返贫，又要一如既往地进行扶贫，更要兼顾效率与公平。
7	将巩固脱贫攻坚成果与乡村振兴有效衔接阶段	2021 年以来	在解决相对贫困问题时要建立解决相对贫困的长效机制，将巩固脱贫攻坚成果与乡村振兴有效衔接起来，做到防、治兼顾。

备注：根据李敏、桂玉《中国特色社会主义反贫困战略释义将巩固脱贫攻坚成果与乡村振兴有效衔接起来》（2022）整理而成，有改动。

中国以政府为主导的有计划、有组织的减贫活动（扶贫开发），实施了较为完善的扶贫开发战略（既包括针对贫困地区的区域扶贫开发，也包括针对贫困户

[①] 世界银行2018年发布的《中国系统性国别诊断报告》指出，中国在快速经济增长和减少贫困方面取得了"史无前例的成就"。2022年3月，国务院发展研究中心与世界银行共同发布的《中国减贫四十年：驱动力量、借鉴意义和未来政策方向》指出中国减贫事业取得非凡成就，整体上看中国的减贫进程始终领先于世界其他国家，在1981年至2018年间减少的贫困人口数量占到同期全球减贫人数的近75%，中国解决绝对贫困问题主要依靠两大支柱：一是基础广泛的经济转型，为贫困人口提供了新的发展机会，不断提高收入水平；二是瞄准因地理环境等原因影响发展的贫困地区，政府实施有针对性的扶贫政策来消除长期贫困。

的保障性扶贫政策），尤其是党的十八大以来精准扶贫战略①的实施取得了巨大成就，党中央把扶贫工作纳入"五位一体"总体布局和"四个全面"战略布局②，农村贫困人口大幅减少，减贫成效明显，贫困地区生活环境明显改善③，困难群众生活质量全面提高，2020年我国实现现行标准下的农村人口全部脱贫，实现了全面消除绝对贫困的目标。中国的贫困治理理论和实践，为全球减贫提供了中国方案和中国经验④，对于丰富全球减贫理论和推进全球减贫进程具有重要的参考价值。

二、反贫困与减贫

从反贫困的过程来看，关于"反贫困"的表述主要集中于以下三种，分别为减少贫困、减缓贫困和消除贫困。"减少贫困"主要聚焦于"反贫困"在于贫困人口数量的减少。"减缓贫困"聚焦于"反贫困"在于减缓贫困的程度。"消除贫困"则聚焦于"反贫困"是最终消除贫困（也被认为是"反贫困"的最高目标）。

消除贫困是中国社会主义建设通往共同富裕这一最终目标的必经之路⑤，中国在反贫困过程中，立足我国国情，不断吸收国际减贫经验，走出了一条中国

---

① 2011年出台的《中国农村扶贫开发纲要（2011—2020）》和2013年后不断完善的精准扶贫战略，标志着减贫战略的调整，从区域扶贫开发向精准扶贫的转变。精准扶贫战略旨在将剩余贫困人口的收入提高至国家收入贫困标准以上并改善多维度贫困状况。2015年发布的《中共中央国务院关于打赢脱贫攻坚战的决定》进一步明确提出脱贫攻坚总体目标：到2020年，稳定实现农村贫困人口不愁吃、不愁穿，义务教育、基本医疗和住房安全有保障；确保中国现行标准下农村贫困人口全部脱贫，消除绝对贫困；确保贫困县全部摘帽，解决区域性整体贫困。

② 《中国共产党章程》在"总纲"中指出"跨入新世纪，我国进入全面建设小康社会、加快推进社会主义现代化的新的发展阶段。必须按照中国特色社会主义事业'五位一体'总体布局和'四个全面'战略布局，统筹推进经济建设、政治建设、文化建设、社会建设、生态文明建设，协调推进全面建成小康社会、全面深化改革、全面依法治国、全面从严治党"。

③ 精准扶贫战略得到大量政府资金支持，2013—2020年各级政府财政专项扶贫资金投入累计达到近1.6万亿元，其中中央财政累计投入6601亿元。

④ 世界银行2018年的《中国系统性国别诊断》报告称"中国在快速经济增长和减少贫困方面取得了'史无前例的成就'，为世界减贫做出卓绝贡献"。

⑤ 习近平总书记在中央扶贫开发工作会议（2015年11月27日）上指出"反贫困是古今中外治国理政的一件大事。消除贫困、改善民生、逐步实现共同富裕，是社会主义的本质要求，是我们党的重要使命"。在全国脱贫攻坚总结表彰大会上（2021年2月25日）指出"我们始终坚定人民立场，强调消除贫困、改善民生、实现共同富裕是社会主义的本质要求，是我们党坚持全心全意为人民服务根本宗旨的重要体现，是党和政府的重大责任"。

特色减贫道路，形成了中国特色的反贫困理论①。在我国反贫困的具体行为过程常用"减贫""扶贫"来表述，聚焦"扶持谁"②、"谁来扶"③（见图1-2）、"怎么扶"、"如何退"四大问题，探索建立起中国特色脱贫攻坚制度体系。党的十八大以来，我国实施精准扶贫精准脱贫，全面打响了脱贫攻坚战，扶贫工作取得了决定性进展，让贫困线④下近1亿贫困人口脱贫⑤，消除绝对贫困，反贫困的措施主要有整村推进、产业扶贫、转移就业扶贫、易地扶贫搬迁、教育扶贫、社会保障扶贫、健康扶贫等，这些都产生了较为显著的减贫效果。

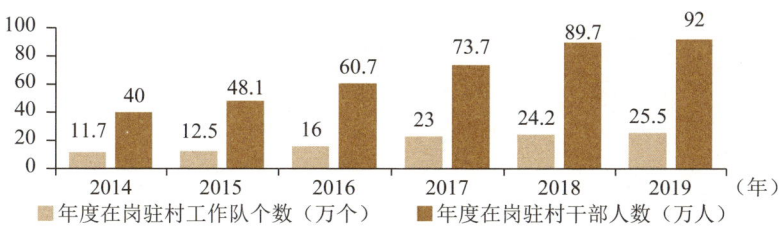

图1-2 2014—2019年驻村工作队及驻村干部情况

备注：根据《中国农村贫困监测报告2019》相关数据整理而成。

---

① 2021年2月25日全国脱贫攻坚总结表彰大会上，习近平总书记指出"我们立足我国国情，把握减贫规律，出台一系列超常规政策举措，构建了一整套行之有效的政策体系、工作体系、制度体系，走出了一条中国特色减贫道路，形成了中国特色反贫困理论"。中国特色反贫困理论的核心要义就是"七个坚持"，即：坚持党的领导，为脱贫攻坚提供坚强政治和组织保证。坚持以人民为中心的发展思想，坚定不移走共同富裕道路。坚持发挥我国社会主义制度能够集中力量办大事的政治优势，形成脱贫攻坚的共同意志、共同行动。坚持精准扶贫方略，用发展的办法消除贫困根源。坚持调动广大贫困群众积极性、主动性、创造性，激发脱贫内生动力。坚持弘扬和衷共济、团结互助美德，营造全社会扶危济困的浓厚氛围。坚持求真务实、较真碰硬，做到真扶贫、扶真贫、脱真贫。

② 扶持谁是关键，核心是做好贫困识别。2014年国务院扶贫办印发《扶贫开发建档立卡工作方案》，开展建档立卡工作，经调查建档立卡贫困户中，因病、因灾、因学、因劳动能力弱致贫的分别占42%、20%、10%、8%，为有针对性的扶贫做了基础准备工作。

③ 为了推动脱贫攻坚工作，全国累计选派25.5万个驻村工作队、300多万名第一书记和驻村干部，同近200万名乡镇干部和数百万名村干部工作在扶贫一线。

④ 中国现行贫困线（也称"现行标准"）是参照国际权威机构标准并结合中国国情制定的多维贫困线标准，在保证其有基本收入的情况下（收入标准是2010年的不变价农民人均年收入2300元），涵盖了教育、健康、生活标准三个维度，表述为"两不愁三保障"，即稳定实现农村贫困人口不愁吃、不愁穿，保障其义务教育、基本医疗和住房安全，这是我国贫困人口脱贫的基本要求和核心指标。

⑤ 2021年2月25日，习近平总书记在全国脱贫攻坚总结表彰大会上宣布："我国脱贫攻坚战取得了全面胜利，现行标准下9899万农村贫困人口全部脱贫，832个贫困县全部摘帽，12.8万个贫困村全部出列，区域性整体贫困得到解决，完成了消除绝对贫困的艰巨任务。"

2020年我国实现现行标准下的农村人口全部脱贫，打赢了脱贫攻坚战，但脱贫摘帽（消除绝对贫困）不是终点，而是新生活、新奋斗的起点①。消除绝对贫困，并不意味着贫困在我国就不存在了，我国的贫困形态将由显性的绝对贫困向隐性的相对贫困转变。由此，要把握以人民为中心的发展思想，培育减贫新动能，完善减贫新治理，推进乡村振兴为重点的城乡一体化的减贫仍然很重要②。

第二节 旅游减贫实践方式

一、旅游减贫概述

旅游减贫（也可称之为"旅游扶贫"）是指有利于贫困人口的旅游，是以贫困地区特有的旅游资源为基础，以市场为导向，在政府和社会力量的扶持下，大力发展旅游业，吸引发达国家或地区的游客来旅游和消费，使旅游资源产生效益，使旅游产品的生产、交换、消费在贫困地区同时发生，逐步实现财富、经验、技术和产业的转移，增加贫困地区的"造血功能"，从而使其脱贫致富。

旅游减贫由于在贫困地区和帮助贫困人口的重要作用而备受重视。1999年由英国国际发展局提出的PPT战略（Pro—Poor Tourism，即"贫困人口优先获益的旅游"）③，首次使旅游与减贫直接联系起来，使得旅游减贫在全世界范围内成为一种新的被认可的减贫手段。在我国，早在20世纪90年代，在国家提出

---

① 党的十九大提出到21世纪中叶"全体人民共同富裕基本实现"的目标，党的十九届五中全会进一步提出，到2035年"全体人民共同富裕取得更为明显的实质性进展"，这是党中央提出的又一个重要阶段性发展目标，也是在消灭绝对贫困后，助力低收入群体的新目标。

② 2021年2月25日，习近平总书记在全国脱贫攻坚总结表彰大会上指出"我们要切实做好巩固拓展脱贫攻坚成果同乡村振兴有效衔接各项工作，让脱贫基础更加稳固、成效更可持续"。

③ 1998年英国国际发展局（Department for International Development）等机构，委托起草了名为《可持续旅游与消除贫困》的报告，首次使用了PPT这一概念，1999年联合国第七届可持续发展大会上使用了PPT这一概念，在国际上首次把旅游与减贫有效结合起来。

了产业扶贫思路之后，涌现出了许多旅游开发带动脱贫致富的典型事例。在此情况下，一些省级旅游局响应政府的扶贫部署，总结贫困地区以旅游开发带动脱贫致富的经验，率先提出了旅游扶贫（即旅游减贫）的口号。多年来，我国旅游减贫（旅游扶贫）成效显著，一方面使得许多贫困地区的人们实现了脱贫致富，另一方面也使得许多位于贫困地区内的高品位风景区陆续被发现，成为闻名遐迩的旅游胜地。

二、旅游减贫的特殊意义

（一）经济效用高且带动作用大

合理开发和积极利用旅游资源，大力发展旅游业，是推进扶贫开发、统筹城乡发展的一项重要内容，是迅速提高贫困群众生活水平、促进贫困地区经济社会跨越式发展的一条重要途径，也是转变经济发展方式、实现可持续发展的内在要求，可以迅速带动当地百姓致富、增加就业。

旅游减贫（旅游扶贫）作为一种新的减贫（扶贫）方式是以贫困地区的旅游资源为基础，在不影响群众利益，损害游客利益的前提下，大力挖掘旅游业的发展潜力，将旅游经济作为拉动贫困地区区域发展的牵引力，实现贫困地区的自主发展，开创"旅游带动、景区开发、繁荣经济、富裕人民"的良好局面。

（二）实现从输血到造血的根本性转变

旅游业作为带动产业，关联效用巨大。因此，旅游业的发展，对贫困地区的经济发展具有很强的促进作用，开展十多年的广东边远贫困地区的旅游扶贫实践充分显示[①]，发展旅游业的确是贫困地区实现脱贫致富的好路子。

相对于工农业投资数额多、市场风险大等特点来说，旅游扶贫投入则是一劳永逸。尤其是旅游业丰厚的经济回报，吸收了贫困地区闲置劳动力、林业企业和城镇下岗人员，能够极大地发展旅游交通、兴办旅游餐饮、开发旅游景点、加工小型食品和纪念品，带动了一批失业、无业人员等贫困人群走上致富之路。

---

① 如广东省制定的《关于我省旅游行业精准扶贫精准脱贫三年攻坚实施方案》（2016年），针对做好旅游扶贫工作，提出总体要求和七大项主要任务，通过3年攻坚，为117个旅游扶贫重点村提供约5万个直接就业机会，实现了旅游增收10亿元的目标。

（三）旅游减贫生态效益最好

旅游减贫（旅游扶贫）实现由破坏性开发到可持续开发的根本性转变。以往的减贫（扶贫），往往使用粗放式经营，形成了贫困—开发—脱贫—返贫的恶性循环，以牺牲环境为代价。几年来，随着旅游业的飞速发展，人们的环境意识普遍增强，充分认识到环境就是潜力、是生产力、是发展力，坚定了"绿水青山就是金山银山"的贫困地区发展底线，打造了生态文明这道亮丽的风景线。

三、旅游减贫的模式

（一）政府主导型的旅游减贫基本模式

旅游减贫（旅游扶贫）基本模式可以概括为"以政府为主导，市场为导向，企业为主体；以当地居民受益为目的、以脱贫致富为目标；以环境保护和实现地区经济的可持续发展为原则"。

政府主导型是贫困地区旅游减贫（旅游扶贫）最基础（见图1-3），也是最主要的模式。这是基于贫困地区生态脆弱、社会经济发展落后，社会组织等社会力量严重不足，贫困人口与旅游活动参与机会有限、参与能力弱。如果没有政府主导，旅游减贫（旅游扶贫）很难起步和发展，要实现旅游业的快速发展，并使其成为当地群众脱贫致富重要途径和新的经济增长点，就必须坚决实施"政府主导型"战略。

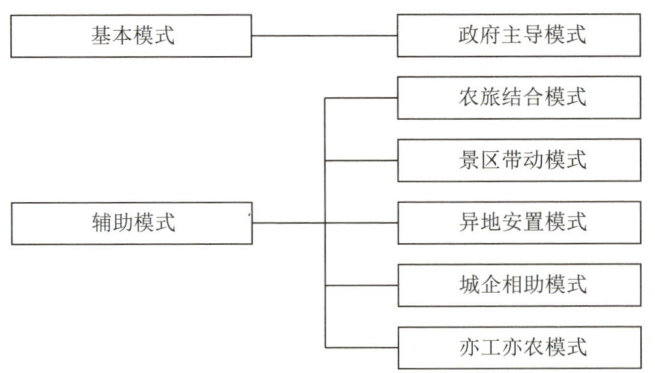

图1-3 旅游减贫模式

政府主导模式就是政府凭借其行政权力和财政实力,通过制定规章制度、相关政策、规划投资、营造环境,来促进旅游发展的一种模式。在这种模式中,政府将旅游业作为促进区域经济发展中的优势产业和主导产业加以重点培育和扶持,全面参与制定发展规划、成立职能部门、减化审批手续、投资基础设施、提供优惠政策等各个环节,并在各个环节中起着绝对的主导作用。通俗地讲,就是指地方政府凭借其社会威望、财政实力与强大的管辖能力,通过制定法令、法规、政策、规划,投入相应的旅游基本建设资金,营造良好的旅游环境,有意识地发展旅游业,以带动社会经济全面振兴。贫困地区实施"政府主导型"旅游减贫(旅游扶贫),应坚持"政府主导、市场推动、业主开发、社区引导、区域合作、开放运作"的机制。

(二)多元化的旅游减贫的辅助模式

旅游减贫(旅游扶贫)的基本模式是政府主导模式,而且政府主导的模式还需进一步完善成型,所以旅游减贫(旅游扶贫)要因地制宜地构建多种开发模式。单一的开发模式不能适应贫困地区旅游业迅速发展,以及困难群众改变自身状况的迫切需求。

因此,必须由多种模式相结合,因地制宜地引导旅游减贫(旅游扶贫)开发与发展,结合阿尔山市实际,可以发展农旅结合、景区带动、异地安置、城企相助、亦工亦旅等旅游扶贫的辅助模式。

一是农旅结合模式。农旅结合模式是积极发展农业旅游,具体就是利用农业景观,结合农村文化生活等内容,吸引游客前来消费,带动农村发展和农民生活的改善提高。农旅结合模式使困难群众一方面务农,一方面从事旅游业,促使困难群众的收入来源更加多元化。可以把传统的农事活动、牧业活动和林业活动发展成为可观赏可参与的观光农业,丰富了阿尔山市生态休闲旅游元素,延长产业链;另外,可以把简朴、原始、浓郁的农牧民及林业职工生活习俗,开发成为颇受异地游客欢迎的旅游活动。

二是景区带动模式。景区带动模式是指那些旅游业发展具有一定实力的景区,凭借自己的优势,采用提供经营条件、安排剩余劳动力就业、资助其基础设施的建设等方式,帮助景区周边经济欠发达地区困难群众脱贫致富的一种模式。具体可以通过三种途径：其一是劳务创收，景区景点或企业将工程建设优先承包给当地企业，使困难群众获得劳务收入；其二是直接就业，景区景点优先雇用符合条件的困难群众，解决他们的就业问题；其三是扶植经营，景区景点将摊位、商店、电话亭、游乐设施、交通工具、停车场等免费或优惠出让给困难群众经营。

三是异地安置模式。异地安置模式是在缺乏生存条件的地区，实行移民开发异地安置的模式。将贫困人口迁移到土地资源或旅游资源比较丰富的地区，建立异地安置区（点），安排移民从事农业生产或旅游服务，以达到脱贫的目的。选点时需多做可行性研究，以保证异地安置的合理性。

四是城企相助模式。城企相助模式是指具有一定基础的景区通过与实力雄厚的企业合作，创办旅游经济实体，对景区进行开发和管理，通过扩大就业，实现旅游扶贫。在旅游业得到发展的同时，既能给当地居民带来就业机会，企业也可以实现资本的增值、互惠互利、共谋发展。此外，为发展旅游业而投资兴建的水利、路桥、电力、通信、民居等基础设施，进一步改善了当地的投资环境，给吸引更多的外来资金打下基础，从而实现经济的良性循环，加快脱贫致富的进程。

五是亦工亦旅模式。亦工亦旅模式是指在有条件直接开发成经济效益好的旅游景点的地方，指导和发动困难群众开发景点，或组织农民成立民族演出队，开办旅馆、餐馆和商场，生产、加工、出售土特产品、工艺品和纪念品等旅游商品，发展乡镇企业，繁荣商品经济，在搞活旅游业的同时，带动当地其它产业的全面发展。同时亦让农民直接参与到旅游开发的各项活动中，培养一批"亦工亦旅"的旅游从业队伍。

第三节 旅游可持续发展

一、可持续发展理念

可持续发展这一理念是20世纪80年代提出的[①]，指的是既要满足当代人的需要，又不对后代人满足其需要的能力构成危害的发展[②]，被认为是关于自然、科学技术、经济、社会协调发展的理论和战略。经过多年的发展，已经明确了可持续发展是以保护自然资源环境为基础，以激励经济发展为条件，以改善和提高人类生活质量为目标。

要实现可持续发展，必须协调经济增长、社会包容和环境保护三大核心要素。为此，2015年联合国通过了17个可持续发展目标[③]（见表1-2），旨在从2015年到2030年间以综合方式彻底解决社会、经济和环境三个维度的发展问题，将全世界转向可持续发展道路，并把消除贫穷视为实现可持续发展的必然要求。

---

① 可持续发展（Sustainable Development）这一概念最早由世界自然保护联盟（IUCN）、联合国环境规划署（UNEP）、野生动物基金会（WWF）在1980年共同发表的《世界自然保护大纲》中正式提出，文件指出"必须研究自然的、社会的、生态的、经济的以及利用自然资源过程中的基本关系，以确保全球的可持续发展"。1981年美国学者布朗（Lester R. Brown）在其著作《建设一个可持续发展的社会》中提出以控制人口增长、保护资源基础和开发再生能源来实现可持续发展，初次较为清晰地阐述了可持续发展的思路。1987年世界环境与发展委员会在《我们共同的未来》（日本东京召开的第八次世界环境与发展委员会上通过，后又经第42届联大辩论通过）中正式详细阐述了"可持续发展"这一理念，由此得到了国际社会的广泛共识。

② 也就是不损害后代人满足其自身需要的能力的前提下满足当代人的需要的发展。

③ 可持续发展目标呼吁全世界共同采取行动，消除贫困、保护地球、改善世界各地所有人的生活和未来。可持续发展目标于2015年9月获得联合国所有成员国正式通过，作为《2030年可持续发展议程》的组成部分，制定了实现17个可持续发展目标及其相关具体目标的15年计划，旨在2000—2015年千年发展目标（MDGs）到期之后继续指导2015—2030年的全球发展工作，并希望所有国家（不论该国是贫穷、富裕还是中等收入）行动起来，在促进经济繁荣的同时保护地球。目标明确指出，消除贫困必须与一系列战略齐头并进，包括促进经济增长，解决教育、卫生、社会保护和就业机会的社会需求，遏制气候变化和保护环境。

表 1-2 联合国可持续发展目标（SDGs）[①]

目标序号	目标要求	目标指向
目标 1	无贫困	在全世界消除一切形式的贫困
目标 2	零饥饿	消除饥饿，实现粮食安全，改善营养状况和促进可持续农业
目标 3	良好健康与福祉	确保健康的生活方式，促进各年龄段人群的福祉
目标 4	优质教育	确保包容和公平的优质教育，让全民终身享有学习机会
目标 5	性别平等	性别平等不仅是一项基本人权，而且是和平、繁荣和可持续世界的基石
目标 6	清洁饮水和卫生设施	为所有人提供水和环境卫生并对其进行可持续管理
目标 7	经济适用的清洁能源	确保人人获得负担得起的、可靠和可持续的现代能源
目标 8	体面工作和经济增长	促进持久、包容和可持续经济增长，促进充分的生产性就业和人人获得体面工作
目标 9	产业、创新和基础设施	基础设施投资对实现可持续发展至关重要
目标 10	减少不平等	减少国家内部和国家之间的不平等
目标 11	可持续城市和社区	建设包容、安全、有抵御灾害能力和可持续的城市和人类住区
目标 12	负责任消费和生产	产业、创新和基础设施
目标 13	气候行动	气候变化是跨越国界的全球性挑战业、创新和基础设施
目标 14	水下生物	保护水下生物
目标 15	陆地生物	可持续管理森林，防治荒漠化，制止和扭转土地退化，遏制生物多样性的丧失
目标 16	和平、正义与强大机构	让所有人都能诉诸司法，在各级建立有效、负责和包容的机构
目标 17	促进目标实现的伙伴关系	重振可持续发展全球伙伴关系

备注：资料来源自联合国网站（www.un.org）。

[①] 联合国可持续发展目标（Sustainable Development Goals）缩写 SDGs。

二、中国的可持续发展战略

中国是最早提出并实施可持续发展战略的国家之一[①],1994年中国政府发表《中国21世纪议程——中国21世纪人口、环境与发展白皮书》[②],提出了中国可持续发展的总体战略、对策和行动方案。2012年发表了《中华人民共和国可持续发展国家报告》,在坚持经济发展、社会进步和环境保护三大支柱统筹原则下,明确提出中国的可持续发展具体战略举措[③],1996年将可持续发展上升为国家战略并全面推进实施。

党的十八大以来,在习近平新时代中国特色社会主义思想指引下,中国的可持续发展迈入新时期,党的十九大报告更是将可持续发展战略确定为决胜全面建成小康社会需要坚定实施的战略之一[④],在新发展理念指引下,加快构建新发展格局,经济、社会、环境三者统筹发展更全面,人民对美好生活需求得到更好满足。

---

① 中国政府参加了可持续发展理念形成和发展中具有里程碑意义的斯德哥尔摩人类环境会议(1972年举行,会议通过了全球性保护环境的《人类环境宣言》和《行动计划》,开启了人类社会环境保护事业)、里约环境与发展大会(1992年举行,明确会议目的为推广"可持续发展"的观念)、南非约翰内斯堡可持续发展首脑峰会(2002年举行,是第一届可持续发展世界首脑会议,会议确定了相关环境责任原则,进一步坚定了全球可持续发展的信念)三次大会,率先支持和提出了可持续发展这一战略。

② 《中国21世纪议程——中国21世纪人口、环境与发展白皮书》(1994年3月25日国务院第16次常务会议讨论通过),中国成为世界上第一个编制出本国21世纪议程行动方案的国家,提出可持续发展之路,是中国在未来和下一世纪发展的自身需要和必然选择,表明了中国坚定实施可持续发展战略的决心。

③ 《中华人民共和国可持续发展国家报告》是在2012年联合国可持续发展大会召开前夕,为做好参会筹备工作,完成的可持续发展国家报告。《报告》重点总结2001年以来中国实施可持续发展战略付出的努力和取得的进展,客观分析存在的差距和面临的挑战,明确提出今后的战略举措,并阐明对2012年联合国可持续发展大会的原则立场。提出中国推进可持续发展战略的总体目标是:人口总量得到有效控制、素质明显提高,科技教育水平明显提升,人民生活持续改善,资源能源开发利用更趋合理,生态环境质量显著改善,可持续发展能力持续提升,经济社会与人口资源环境协调发展的局面基本形成。

④ 习近平总书记在《决胜全面建成小康社会 夺取新时代中国特色社会主义伟大胜利——在中国共产党第十九次全国代表大会上的报告》(2017年10月18日)中指出"从现在到二〇二〇年,是全面建成小康社会决胜期。要按照十六大、十七大、十八大提出的全面建成小康社会各项要求,紧扣我国社会主要矛盾变化,统筹推进经济建设、政治建设、文化建设、社会建设、生态文明建设,坚定实施科教兴国战略、人才强国战略、创新驱动发展战略、乡村振兴战略、区域协调发展战略、可持续发展战略、军民融合发展战略,突出抓重点、补短板、强弱项,特别是要坚决打好防范化解重大风险、精准脱贫、污染防治的攻坚战,使全面建成小康社会得到人民认可、经得起历史检验"。

三、旅游可持续发展

旅游可持续发展是指在环境、社会、经济三效合一的基础上持续发展的旅游行为。1990年在加拿大召开的"全球可持续发展大会"上推出了《旅游可持续发展行动战略》(草案),达成了五点旅游可持续发展共识①,构筑了旅游可持续的基本理论框架。世界旅游组织(UNWTO)② 在1993年提出了较为完整的旅游可持续发展的理念,1995年在西班牙召开"世界旅游可持续发展会议"上,通过了《旅游可持续发展宪章》和《旅游可持续发展行动计划》③,明确提出旅游发展必须建立在生态环境的承受能力之上,符合当地经济发展状况和社会道德规范,强调旅游可持续发展要能够适应当前旅游目的地和游客的需求,同时也要能够适应未来旅游目的地与游客的需求,这标志着可持续发展模式在旅游业中主导地位的确定。

在全球化与工业化背景下,推动旅游可持续发展已经成为全球共识。旅游业是全球增长最快的社会经济领域之一,目前占全球GDP总量约10%,就业的1/11和全球贸易的6%(2019年指标),旅游已成为可持续发展的重要手段。如何做好旅游、资源、人类生存环境三者的统一,以形成一种旅游业与社会经济、资源、环境良性协调的发展模式是各国和主要世界组织的主要职责和治理目标。

中国推动旅游发展一直坚持可持续发展的指导定位,特别是党的十八大以

---

① 五点共识是:①增进人们对旅游所产生的经济效应和环境效应的理解;②在发展中维持公平;③提高旅游地居民的生活质量;④为游客提供高质量的旅游感受;⑤保护未来旅游开发赖以生存的环境质量。

② 世界旅游组织(World Tourism Organization,缩写:UNWTO)是联合国系统的政府间国际组织,是旅游领域的领导性国际组织,1975年1月2日成立,2003年11月成为联合国的专门机构,总部设在西班牙马德里。其宗旨是促进和发展旅游,使之有利于经济发展、国际间相互了解、和平与繁荣以及不分种族、性别、语言或宗教信仰、尊重人权和人的基本自由,并强调在贯彻这一宗旨时要特别注意发展中国家在旅游方面的利益。

③ 指出可持续旅游发展的实质,就是要求旅游与自然、文化和人类生存环境成为一个整体。

来，以践行"绿水青山就是金山银山"理念为核心①，根据人民群众对美好生活的向往，立足市场需求，不断推动旅游可持续发展。2019年全年国内旅游人数达60.06亿人次（同比增长8.4%），全年实现旅游总收入6.63万亿元（同比增长11.1%），自2020年以来的三年，尽管受到新冠感染疫情的影响，旅游业仍表现出强大的韧性和活力，以"两山"理念为遵循，正确处理旅游发展与生态保护的关系、科学制定旅游发展战略等诸多举措持续发力，不断以创新为手段推动旅游多层次发展，开辟了中国旅游高质量发展新道路。

---

① 2005年8月15日，时任浙江省省委书记的习近平在浙江安吉县余村调研时，首次提出"绿水青山就是金山银山"的重要论述，随后在《浙江日报》头版"之江新语"栏目中发表短评《绿水青山也是金山银山》指出："绿水青山可以带来金山银山，但金山银山却买不到绿水青山。绿水青山与金山银山既会产生矛盾，又可辩证统一。"党的十八大以来，习近平总书记在多个场合对"两山"理念进行了更加深刻、系统的理论概括和阐释，特别是2013年9月7日，习近平总书记在哈萨克斯坦纳扎尔巴耶夫大学发表演讲时指出："我们既要绿水青山，也要金山银山。宁要绿水青山，不要金山银山，而且绿水青山就是金山银山。"

第二章　阿尔山市旅游发展与减贫历程

第一节　阿尔山市旅游发展概况

一、阿尔山市概况

阿尔山市是位于内蒙古兴安盟西北部[①]的县级市，1996年建市[②]，东西长142千米，南北长118千米，面积7408.7平方千米。阿尔山市现辖四镇（白狼镇、五岔沟镇、天池镇、明水河镇）、四街（温泉街办事处、新城街办事处、林海街办事处、伊尔施街办事处），驻有阿尔山、五岔沟、白狼三个县级林业局，解放军部队、边防检查站等7个军警部队。

阿尔山市具有良好的区位优势[③]，是内蒙古继满洲里市[④]、二连浩特市[⑤]后第

[①] 阿尔山市地处大兴安岭西南山麓，地理坐标为东经119°28'~121°23'，北纬46°39'~47°39'，阿尔山市东邻呼伦贝尔市所辖扎兰屯市和兴安盟扎赉特旗，南至兴安盟科右前旗，西与蒙古国接壤，北和呼伦贝尔市新巴尔虎左旗、鄂温克族自治旗毗连。

[②] 中华人民共和国成立后，阿尔山地区一直为兴安盟科右前旗所属阿尔山镇，1992年12月5日，经内蒙古自治区人民政府批准，以阿尔山镇辖区为行政区划，成立阿尔山经济开发区。1996年6月10日，经国务院批准，在阿尔山经济开发区的基础上阿尔山市（县级）成立。

[③] 阿尔山位于呼伦贝尔、锡林郭勒、科尔沁等大草原交会处，是乌阿海满生态文化旅游圈重要集散枢纽，中蒙跨境合作重要支撑和内蒙古东部风景道重要节点，是内蒙古发展生态旅游、度假旅游的重点区域。

[④] 满洲里市是内蒙古自治区计划单列市，是中国最大的陆运口岸城市，是中国通往俄罗斯内陆最大的贸易口岸。

[⑤] 二连浩特市是内蒙古自治区计划单列市，是中国通往蒙古国最大的贸易口岸。

三个边境口岸城市①（见图 2-1），辖区内中蒙边境线长 93.434 千米，设有中国阿尔山—蒙古国松贝尔国际季节性开放口岸②，是联合国开发计划署规划的阿尔山—蒙古国乔巴山铁路的中枢，是第四条欧亚大陆桥的桥头堡。

图 2-1　阿尔山口岸国门（柏亚斌 摄）

备注：阿尔山口岸国门建成于 2009 年，为拱券洞正中的嵌块爱奥尼柱式，方正平直的整体造型简约大气，长 30 米，高 25 米，宽 9 米，国门与界碑、口岸大桥是阿尔山口岸景区的重要组成部分。

"十三五"时期，阿尔山立足市情，依托"生态、旅游、口岸、矿泉"四大优势资源，积极实施资源综合开发战略、开放带动战略、转型发展战略、矿泉产业化战略，全面建成小康社会目标如期实现，建成宜居、宜业、宜游的现代化森林城市取得实质性进展。"十三五"时期，阿尔山市地区生产总值实现年均增长 4.2%，2020 年达到 20.64 亿元，人均地区生产总值 3.04 万元，比 2015 年增长 23.1%，经济运行处于合理区间。以旅游业为核心的服务业发展迅速，服务业增加值占地区生产总值比重由 2015 年的 60% 上升到 2020 年的

---

① 阿尔山市是全国五个对蒙国际口岸之一，是内蒙古自治区 19 个对外开放口岸中唯一一个具备铁路、公路、航空和水路"四位一体"条件和优势的口岸，是国家兴边富民行动中心城镇建设试点。

② 与阿尔山口岸对应的是蒙古国东方省的松贝尔口岸。1992 年 6 月，经国务院批准兴安盟设立阿尔山口岸，为国家二类季节性口岸。2004 年 9 月，中国与蒙古国签署的《中国政府和蒙古国政府关于中蒙边境口岸及其管理制度协定》正式生效，阿尔山—松贝尔口岸升格为国际季节性开放口岸，2012 年 12 月阿尔山口岸通过了国家验收，成为国际性季节开放公路客货运输口岸（国家一类口岸）。

67%。产业结构明显优化，三次产业结构由 2015 年 20.9∶3.6∶55.5 调整到 2020 年 19.1∶13.2∶67.6，形成了"一产服从生态、二产服务三产、三产服务旅游"的产业格局。

二、阿尔山市旅游资源禀赋

阿尔山市自然环境优越，森林覆盖率达 80% 以上，绿色植被率达 95%，是国家后备林木资源的绿色宝库。以阿尔山为圆心，200 千米为半径的范围内，没有一家污染性工厂，促使阿尔山市具备了良好的旅游资源（见图 2-2），可称为"林瀚草丰、石绝池奇、泉神湖秀、雪美水碧"，特别是矿泉资源、森林和草原资源、火山资源、冰雪资源（见图 2-3）和口岸资源为代表的旅游资源富集且组合度好[①]（见图 2-4），是内蒙古优质旅游资源核心区域之一。现有一个国家 5A 级旅游景区、一个世界地质公园、两个国家森林公园、三个国家湿

---

① 矿泉资源：阿尔山矿泉是世界最大的功能型矿泉之一，阿尔山市现有 76 眼矿（温）泉（2014年《阿尔山市"中国温泉之乡"发展建设总体规划》统计数据），除五里泉外，其他矿泉，特别是温泉集中分布在中国温泉博物馆温泉群（48 眼）、金江沟温泉群（17 眼）、银江沟温泉群（5 眼）。

森林和草原资源：阿尔山市森林覆盖率 81.2%，是呼伦贝尔草原、锡林郭勒草原、科尔沁草原和蒙古草原四大草原交会处，绿色植被覆盖率 95%，保持着良好的原生态环境，春秋相连，夏季平均气温 22℃ 左右，避暑环境绝佳，负氧离子达到每立方厘米 2300 个，是"中国天然氧吧"。

火山资源：阿尔山市拥有 200 多平方千米保护完好的亚洲最大的火山熔岩地貌，有 47 座火山口、50 座火山锥、7 大火山口湖，9 处堰塞湖，火山熔岩景观是亚洲仅存的、保存最完整的，专家称之为天然火山博物馆，是一部打开的地质教科书。科考发现阿尔山地区有四座活火山，从而使阿尔山火山群成为中国活火山家族的第七位成员，因火山活动形成的天池群、堰塞湖群和地震断裂带等景观遍布其上，壮观而又神奇。

冰雪资源：阿尔山市地处寒温带，年均气温 -2.9℃，年降雨量超过 600 毫米，冬季降雪量远远超过兴安盟平均水平，每年 10 月初形成有效降雪直至次年的 4 月。在长达 7 个月的冰雪期内，阿尔山冰清玉洁、银装素裹。这里雪期长、雪质好，积雪厚度平均超过 350 毫米，加上特殊的山形地貌，为开展冰雪运动和冰雪旅游提供了优质条件。奥地利著名滑雪专家奥匹兹对阿尔山冰雪与城市、冰雪与温泉、冰雪与森林的完美结合赞不绝口，称之为"东方的瑞士"，是国家滑雪协会指定训练基地，众多冬奥会冠军从阿尔山训练基地走上世界领奖台的。

口岸资源：阿尔山市西邻蒙古国，与蒙古国边境线约 93.434 千米，市区到边境仅 40 千米。阿尔山—松贝尔口岸是中蒙边境继满洲里、二连浩特之后的第三大陆路口岸，为国际性季节开放口岸。这里既是联合国开发计划署规划的阿尔山—蒙古国乔巴山铁路的中枢，又是第四条欧亚大陆桥的桥头堡，其经济地理位置十分重要。口岸中方阿尔山市一侧，适宜开展界河漂流、垂钓、草地赛马等旅游项目。口岸蒙方一侧是世界级生物多样性自然保护区，动植物资源非常丰富，既可以领略异域风情，还可以开展经济贸易交流。

地保护区和一个国家重点风景名胜区（见表 2-1），塑造"巍巍大兴安，梦幻阿尔山"旅游品牌已见成效①。

图 2-2　阿尔山火车站是阿尔山市最具代表性的旅游资源之一

备注：阿尔山火车站建于 1937 年，是一幢东洋风格的低檐尖顶日式建筑，是第七批全国重点文物保护单位，现仍在使用，已经成为阿尔山的文化符号，是到访阿尔山的游客必到的打卡地，左图为阿尔山火车站，右图为以阿尔山火车站为形状的文创雪糕。

图 2-3　阿尔山冬季雾凇（柏亚斌　摄）

备注：阿尔山市由于森林植被覆盖率高，山形地貌独特，空气湿润，气温适宜，每年冬季都会出现大面积的雾凇奇观，而且持续时间长，其中以白狼飞仙岭 10 千米雾凇长廊景观最为壮观，每年冬季都会吸引众多摄影家来采风创作。冬季来阿尔山市拍摄雾凇，已经成为阿尔山市冬季旅游的一道独特风景线。

---

① 中国旅游研究院《2022 旅游度假创新案例》指出，阿尔山市已逐渐构建起以"巍巍大兴安，梦幻阿尔山"整体品牌为统领，要素品牌、行业品牌、景区品牌等为支撑的多层次品牌体系。

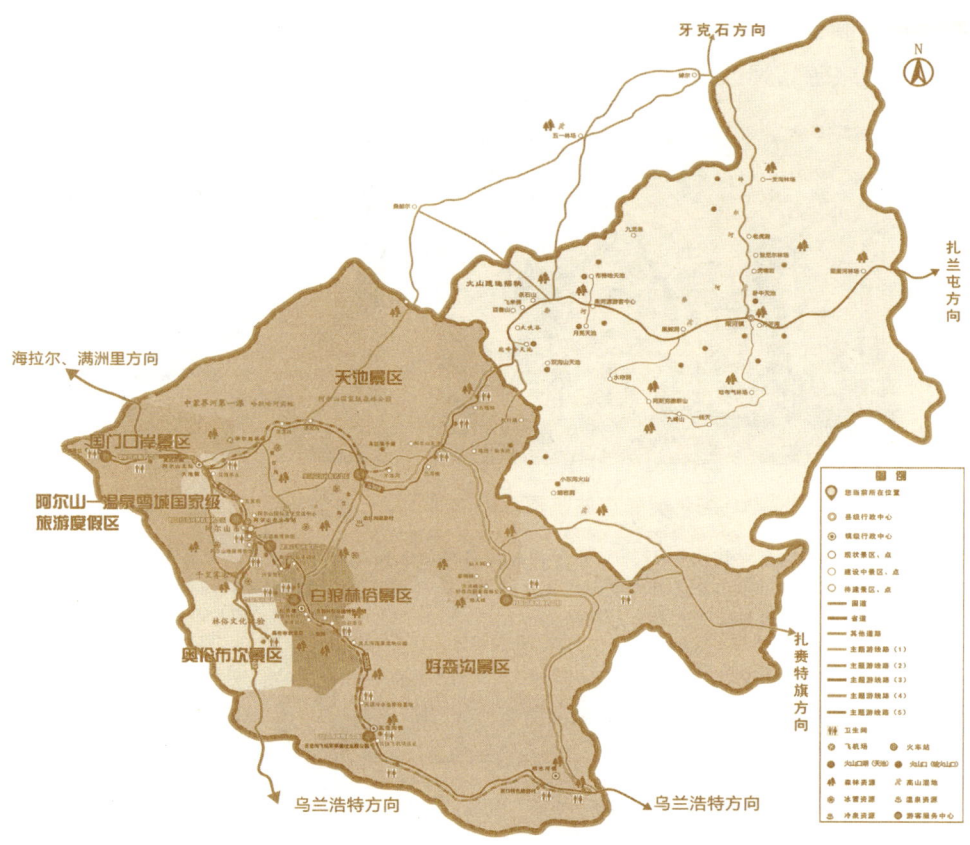

图 2-4　阿尔山市旅游资源分布

表 2-1　阿尔山市优质旅游资源

序号	类别	名称
1	世界地质公园	阿尔山世界地质公园
2	国家森林公园	阿尔山国家森林公园、好森沟国家森林公园
3	国家湿地保护区	白狼洮儿河国家湿地公园、白狼奥伦布坎国家湿地公园、哈拉哈河国家湿地公园
4	国家重点风景名胜区	扎兰屯国家级风景名胜区
5	国家 5A 级旅游景区	阿尔山—柴河旅游区

备注：作者整理。

三、阿尔山市旅游发展定位

阿尔山市旅游业历经从无到有、由小到大的发展过程，产业融合不断深入，行业体系逐步完善，发展环境日益优化，旅游业呈现快速发展的态势。2012年提出建设健康阿尔山——生态文明体验区的发展目标；2013年在继续坚持"生态立市、旅游兴市、口岸强市"发展战略的基础上，提出了打造"三地一港一市"的发展定位①；2014年政府工作报告提出要紧紧围绕建设体现草原文化独具北疆特色的旅游观光、休闲度假基地走在全区前列的目标，积极拓展精品线路、丰富营销宣传手段、努力实现生态、文化与旅游业高度融合、共融发展的工作部署。

2014年1月，习近平总书记在视察内蒙古阿尔山时曾深情赞誉"阿尔山四季风光都很美"，并做出了"阿尔山的旅游业一定会火起来"的科学研判。近年来，阿尔山市依托良好的生态环境、优越的自然资源禀赋及独具魅力的旅游资源，积极推进"旅游兴市"，坚持"以旅为主，为旅而为"，把旅游业作为首位产业和国民经济的支柱产业来抓②，把发展全域旅游、四季旅游、优质旅游作为主攻方向，在品牌创建、宣传营销、硬件建设、服务提升等方面持续发力，有效地实现了旅游产业质效同增。2019年全年游客接待量达到498.6万人次，旅游收入达到60.8亿元，是2015年的1.8倍。

"十三五"时期，阿尔山市旅游主导产业优势凸显，以旅游业为主的第三产业占到地区生产总值的67.6%（2020年）。旅游业直接和间接从业人员达到4.3万人，旅游服务水平和文化品位进一步提高，覆盖食、住、行、游、购、娱等旅游要素的旅游产业体系初步形成，全市现有旅游接待标准床位20000余张，国家5A级景区1处，国家4A级景区2处，旅行社32家，旅游纪念品商店

---

① "三地一港一市"即将阿尔山市打造成国际知名的生态休闲养生度假地，国内一流的健康水产业示范基地，蒙东最大的种苗培育基地，面向东北亚、联结长吉图的国际大通道陆港及老国有林区生态转型示范市。

② 《阿尔山市国民经济和社会发展第十三个五年规划纲要》（见附件7）和《阿尔山市国民经济和社会发展第十四个五年规划及二〇三五年远景目标纲要》（见附件8）均明确了阿尔山市旅游产业的主导地名，明确了"以旅为主，为旅而为"的发展定位。

120家。阿尔山市先后荣获"全国森林旅游城市示范区""一带一路国际健康旅游目的地"等称号。成功获批"国家旅游扶贫试验区""中国气候生态市"[①]"国家生态旅游示范区""国家级电子商务进农村综合示范县"。"十三五"时期阿尔山市旅游人数、旅游收入相较"十二五"期末分别增长3.5倍和3.2倍。

"十四五"时期，阿尔山市确定了坚定不移地走好以"生态优先 绿色发展"为导向的高质量发展新路子，明确了切实加快旅游产业提档升级为核心的发展路径（见附件8《阿尔山市国民经济和社会发展第十四个五年规划及二〇三五年远景目标纲要》），把旅游业作为首位产业来抓，坚持"以旅为主、为旅而为"发展路径，持续在发展"全域旅游、四季旅游"和扩大旅游品牌知名度上发力，不断促进旅游产业高质量发展。力争"到2025年，争取建成国家级旅游度假区，全区游客接待量突破1200万人次，旅游总收入突破150亿元，旅游业成为阿尔山市国民经济的支柱产业"[②]。注重以"坚持一个目标、梳理两个理念、聚焦一个载体、实施三个工程、抓实五项举措"为手段（见表2-2），突出"做精一城，做优五区"[③]，注重通过"五创"[④]活动促进旅游业提质增效，强力塑造"巍巍大兴安，梦幻阿尔山、火山温泉乡·运动康养地"的旅游品牌，逐步实现由"夏季火"到"冬季兴"，再到"全季旺"，助力阿尔山市建成国家级旅游度假区和宜居、宜业、宜游的现代化森林城市。

---

① "国家气候标志"是由独特的气候条件决定的气候宜居、气候生态、气候品质等具有地域特色的优质气候品牌的统称，是衡量一地气候生态资源综合禀赋的权威认定，目前国家气候标志评定分为三大类：气候宜居类、气候生态类、农产品气候品质类。2018年5月，阿尔山市通过专家评审，成为我国首批获得"国家气候标志"的城市，被评定为中国气候生态市。《阿尔山国家气候标志评估报告》指出阿尔山市以4个独特的气候优势入选"中国气候生态市"：春秋气候温润、夏季舒爽宜人、气候景观丰富；降雪早、雪量丰、雪期长、风速小；气候灾害风险小；气候生态环境优良，空气清新。此外，在气候生态类全部35项评估指标中，所有指标均达到优良等级，其中31项为优。

② 《阿尔山市国民经济和社会发展第十四个五年规划及二〇三五年远景目标纲要》在"第四章 落实绿色理念 推动经济高质量发展 第二节 切实加快旅游产业提档升级"中指出"坚持把旅游业作为首位产业来抓，持续在发展'全域旅游、四季旅游'，扩大旅游品牌知名度上发力，不断促进旅游产业高质量发展，到2025年，争取建成国家级旅游度假区，全区游客接待量突破1200万人次，旅游总收入突破150亿元，旅游业成为我市国民经济的支柱产业"。

③ 做优一城：阿尔山温泉雪成。做优五区：天池景区、奥伦布坎景区、口岸景区、白狼林俗景区、好森沟景区。

④ 目前，阿尔山正以创建国家全域旅游示范区、旅游度假区为抓手，积极开展景区创A、宾馆创星、旅行社创A、导游员创佳、旅游服务创优的"五创"活动。

表 2-2　阿尔山市旅游发展主要目标分解

名称	主要内容
坚持一个目标	争创"国内一流、国际知名"旅游度假区
树立两个理念	"辖区即景区"和"景城融合"两大理念①
聚焦一个载体	以创建国家级旅游度假区和全域旅游示范区为载体
实施三个工程	①打造温泉雪城度假区、天池景区、口岸景区、白狼林俗景区、奥伦布坎景区、好森沟景区六大景区；②提升自然观光、温泉康美、冰雪运动、休闲避暑、研学科考、会议论坛产品体系；③构建贯穿景区、联通辖区、覆盖全盟、辐射东北、面向全国，放眼世界旅游环线格局
抓实五项举措	抓实规划引领、项目支撑、智慧兴旅、机制创新、汇聚合力五项举措

备注：作者整理。

2020 年以来由于新冠感染疫情，阿尔山市的旅游发展受到影响，但游客数量及旅游收入都有一定程度回升，2021 年接待游客 224.23 万人次，实现旅游收入 32.54 亿元，旅游经济持续恢复，整体趋稳向好。

第二节　阿尔山市旅游减贫历程

一、阿尔山市区域发展面临挑战

阿尔山市坚持推动转型发展，经济结构不断优化升级，在生态建设大力推进、扶贫攻坚等方面取得了切实成果，社会发展进步明显，但是当前阿尔山市经济社会发展仍面临许多困难和问题②。主要是经济总量小、发展质量不高的问

---

① "辖区即景区"理念：以辖区为最大景区，立足全境打造，实施全景覆盖。"景城融合"理念：把城市建成景区、把景区建在城市，完善功能，补齐短板。

② 《阿尔山市国民经济和社会发展第十四个五年规划及二〇三五年远景目标纲要》中指出"阿尔山在经济社会发展中还面临不少问题和困难，主要表现在管理体制不顺，体制性矛盾突出，基础设施建设依然薄弱，财政收支矛盾较大，产业规模小、结构单一竞争力不强，社会事业发展不平衡，人才不足流失严重"。

题没有根本上解决，经济结构仍需优化，优势产业亟须转型升级，发展动能亟待增强，创新人才支撑不足；基本公共服务均等化、优质化水平有待提升，就业、教育、医疗、住房、养老和社会保障等民生领域仍有不少短板，与群众日益增长的需求还有一定差距[①]。

（一）经济总量小，发展溢出效果不明显

阿尔山市县域经济体量小，人均经济水平较低。阿尔山市经济总量偏小，综合实力不强，经济增长率总体上偏低，发展的溢出效应较小。以"十三五"末期2019年为例，阿尔山市GDP共完成19.38亿元，居内蒙古自治区103个县（市、区、旗）GDP末位（见表2-3）；阿尔山市公共财政预算收入完成1.26亿元，居内蒙古自治区103个县（市、区、旗）GDP第96位（见表2-4）。

表2-3 2019年内蒙古自治区103个县（市、区、旗）GDP排名（部分）

排序	103个县（市、区、旗）名称	GDP（亿元）
94	阿拉善盟额济纳旗	37.05
95	锡林郭勒盟阿巴嘎旗	34.93
96	包头市白云矿区	32.06
97	呼伦贝尔根河市	32.01
98	锡林郭勒盟正镶白旗	26.75
99	锡林郭勒盟苏尼特左旗	26.23
100	呼伦贝尔市新巴尔虎左旗	24.47
101	锡林郭勒盟镶黄旗	22.09
102	阿拉善盟阿拉善右旗	19.44
103	兴安盟阿尔山市	19.38

备注：数据来源自2020年《内蒙古统计年鉴》。

---

① 《2021年阿尔山市政府工作报告》（王晓欢，2021年2月24日）指出："在看到成绩的同时，我们也清醒认识到，我市经济社会发展还面临许多困难和问题。主要是：经济总量小、发展质量不高的问题没有根本上解决，经济结构仍需优化，优势产业亟需转型升级，发展动能亟待增强，创新人才支撑不足；基本公共服务均等化、优质化水平有待提升，就业、教育、医疗、住房、养老和社会保障等民生领域仍有不少短板，与群众日益增长的需求还有一定差距。对此，我们一定把群众期盼作为奋斗目标，高度重视、直面问题，采取有力措施，认真加以解决。"

表2-4 2019年内蒙古自治区103个县（市、区、旗）一般公共预算收入排名（部分）

排序	103个县（市、区、旗）名称	收入（亿元）
94	乌兰察布市卓资县	1.44
95	锡林郭勒盟正镶白旗	1.29
96	兴安盟阿尔山市	1.26
97	乌兰察布市凉城县	1.21
98	乌兰察布市四子王旗	1.19
99	乌兰察布市察哈尔右翼中旗	1.17
100	通辽市库伦旗	1.05
101	呼伦贝尔市新巴尔虎左旗	1.04
102	阿拉善盟阿拉善右旗	1.02
103	呼伦贝尔根河市	0.71

备注：数据来源自2020年《内蒙古统计年鉴》。

2021年，阿尔山市居民人均可支配收入31213元，低于内蒙古自治区（34108元）、全国（35128元）平均水平（见图2-5），与全区、全国水平具有一定差距。可以说较少的财政收入、较低的收入水平，导致阿尔山市财政支持、消费等对经济带动作用有限。

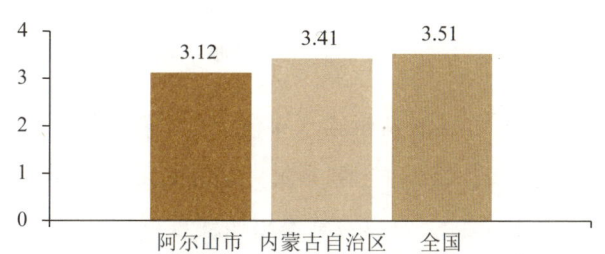

图2-5 阿尔山市与内蒙古自治区、全国人均收入对比（单位：万元）

备注：根据《2021年阿尔山市国民经济和社会发展统计公报》等资料整理而成。

（二）人口基数小，集聚效应差

阿尔山市户籍人口为32301人（根据2020年第七次全国人口普查数据），与2010年第六次全国人口普查的68311人相比减少36010人，人口出现较大流出。阿尔山市常住人口中，0~14岁人口为2762人，占8.55%，15~59岁人口为23985人，占74.26%，60岁及以上人口为5554人，占17.19%，其中65岁及以上人口为3757人，占11.63%（见图2-6）。与2010年第六次全国人口普查相比，0~14岁人口的比重下降了1.09个百分点，15~59岁人口的比重下降了4.80个百分点，60岁及以上人口的比重上升了5.88个百分点，65岁及以上人口的比重上升了3.41个百分点。全市户籍人口中，汉族人口为24697人，占76.46%，蒙古族人口为6148人，占19.03%，其他少数民族人口为1456人，占4.51%。较少的人口，老龄化人口不断增长，很难形成较大的规模经济和集聚效应，城市的辐射力和影响力也就难以凸显。

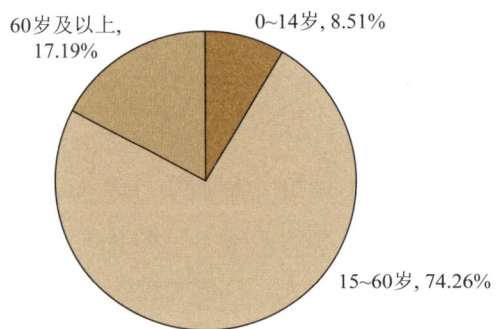

图2-6　阿尔山市人口年龄结构构成状况

备注：根据《阿尔山市第七次全国人口普查主要数据公报》整理而成。

（三）民生需求大，公共服务供给水平低

阿尔山市民生需求较大，社会事业欠账较多，缓解民生压力较大，教育、文化、医疗、社保等人民群众关切的重要领域弱项突出。2021年阿尔山市一般公共预算收入8952万元，一般公共预算支出139009万元，其中教育支出5342万元、城乡社区事务支出8639万元、社会保障和就业支出11309万元、医疗卫生支出5812万元、节能环保支出7070万元、一般公共服务支出16861万元、公共安全支出3750万元、科学技术支出314万元，这八项支出占一般公共预算支出的42.51%（见图2-7），较少的收入、较多的定向支出，使得用于可持续发展的资金支出受限。

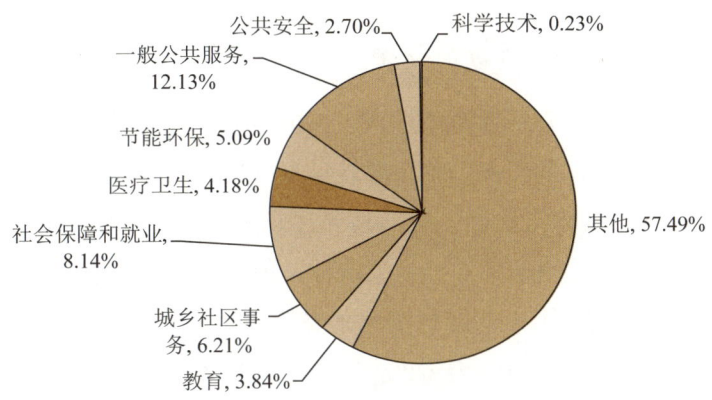

图 2-7 阿尔山市一般公共预算支出（八项支出）

备注：根据《2021年阿尔山市国民经济和社会发展统计公报》等资料整理而成。

（四）产业面临转型，发展提质增效挑战大

阿尔山市经济转型已经初见成效，但还没有真正形成规模和效益。阿尔山市口岸经济刚刚起步，旅游业大而不强，矿泉产业综合开发能力不足、规模效益差，市场竞争力和抵御风险的能力较弱。产业与城市已初步开展了融合，但是融合程度仍不高，特别是小镇建设与旅游的融合、对旅游业的支撑还很不足。同时，旅游季节性影响严重（见图2-8），旅游业单纯依赖夏季的局面还没有实质性的改变，四季旅游目的地的能力较弱，旅游供给与旅游需求仍不平衡，亟须提升旅游综合竞争力。

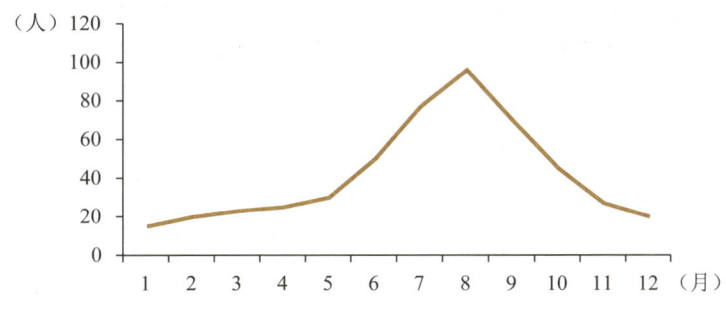

图 2-8 阿尔山市国内游客季节性变化模式（2019年）

备注：根据相关资料整理而成。

二、阿尔山市贫困与脱贫攻坚情况

阿尔山市是典型的森林资源型城市，2002年阿尔山市率先实现国有林场全面停伐，以林业为主体的经济面临重要转型，是典型的林业资源枯竭型城市。

1996年阿尔山市建市伊始，成熟林和过成熟林已开采殆尽，其90.87%的用材林为中幼龄林，加之国家实施"天然林保护工程"①（简称"天保工程"）对森林开采的限制，阿尔山市的森林资源枯竭趋势明显。阿尔山市森林资源已经枯竭，木材蓄积量大幅减少，于2009年被国家列为第二批资源枯竭城市，是全国69个资源枯竭城市之一（林业资源枯竭城市）。2013年，国务院印发《全国资源型城市可持续发展规划（2013—2020年）》，将262资源型城市划分为成长型、成熟型、衰退型和再生型4种类型，阿尔山市又被入列衰退型城市。

2000年以后，伴随着林业这一主导产业的衰退，新的产业转型尚未到位，导致阿尔山市社会经济发展一定程度上滞后②。虽然阿尔山全境矿产资源种类较为丰富，但储量小，考虑生态环境保护的需要，国家已将阿尔山市列为禁止开发区。2011年7月，阿尔山市被纳入大兴安岭南麓集中连片特困地区③（见表2-5），同年10月纳入国家级重点贫困县④。

---

① "天然森林资源保护工程"在2000—2010年间被称为"近期工程"（也称为一期工程），2010—2050被称为"中期工程"（也称为二期工程）。

② 2000—2010年面对林业资源枯竭，阿尔山市林业企业陷入林业资源危机、林业企业经济危机、林业职工生活危难的"三危"困境，由于当时阿尔山社会经济发展主要依靠林业，社会经济和群众生活遇到较大困难。为此，阿尔山市加快实施大小兴安岭林区生态保护与转型规划，在已经实现地区全面禁伐的基础上，加快推进各林业企业实现转产转型，巩固禁伐成果。围绕区域主体产业，大力发展宾馆、酒店、景区景点等旅游服务业，在提高旅游接待能力和接待水平的基础上，最大限度地承接林业人口的转移安置，由此发展旅游成为阿尔山市最大共识。

③ 《中国农村扶贫开发纲要（2011—2020年）》指出，"国家将六盘山区、秦巴山区、武陵山区、乌蒙山区、滇桂黔石漠化区、滇西边境山区、大兴安岭南麓山区、燕山—太行山区、吕梁山区、大别山区、罗霄山区等区域的连片特困地区和已明确实施特殊政策的西藏、四省藏区、新疆南疆四地州作为扶贫攻坚主战场"，共计14个地区被确定为集中连片特困地区。

④ 阿尔山市是大兴安岭南麓集中连片特困地区19个旗（县、市）之一，是典型的老、少、边、穷地区。列为国家级重点贫困县时，阿尔山市经济总量、财政收入、工业增加值、城乡居民收入等主要经济指标的增速和人均水平均居内蒙古自治区后列。

表 2-5　大兴安岭南麓集中连片特困地区分县名单

所属省区	所属盟市	具体县（市）名称
内蒙古（5）	兴安盟	阿尔山市、科尔沁右翼前旗、科尔沁右翼中旗、扎赉特旗、突泉县
吉林（3）	白城市	镇赉县、通榆县、大安市
黑龙江（11）	齐齐哈尔市	龙江县、泰来县、甘南县、富裕县、林甸县、克东县、拜泉县
	绥化市	明水县、青冈县、望奎县、兰西县

备注：作者整理。

近年来，阿尔山市紧盯脱贫攻坚、经济转型发展的目标，坚守"绿水青山就是金山银山"的初心，探索出"旅游＋扶贫"新模式，紧紧围绕"两不愁三保障"标准，全力完成"现有建档立卡贫困人口全部脱贫"的目标任务。"十三五"时期，阿尔山市累计整合各类扶贫资金及投入产业发展资金1.6亿元，累计发放金融扶贫贷款2.81亿元[①]。

通过奋力攻坚，2019年4月阿尔山全市脱贫摘帽，贫困村全部出列（6个自治区级、1个盟级重点贫困村），建档立卡的582户贫困户、1426人，全部实现稳定脱贫。旅游减贫效果明显，阿尔山市60%以上的建档立卡贫困户通过参与旅游实现了增收，贫困户人均年收入达1.3万元。

---

① 同时高度重视京蒙扶贫协作助力脱贫攻坚作用，脱贫攻坚阶段北京市以教育共建、医疗卫生、文化交流、产业对接、商贸交流、旅游资源、基层党建、干部教育培训、人才交流协作对接为重点，累计投入援助资金3106万元，共实施19个项目。

第三章　阿尔山市旅游促进减贫与可持续发展主要经验

第一节　"五小经济"成为脱贫致富的"大产业"

一、"五小经济"概述

"五小经济"主要是指小种植、小养殖、小商业、小合作、小劳务。阿尔山市立足于自身的生态优势和丰富的旅游资源，探索"五小经济"产业扶贫的新思路和新模式。针对不同区域情况，因地制宜地发展产业和项目，针对有自主发展意愿和劳动能力的贫困户实施"五小经济"覆盖到户，让贫困群众借助"小经济"，在有效减贫的同时，有效促进了阿尔山市旅游商品丰富，形成不断助力阿尔山市旅游发展的"大产业"。

二、阿尔山市"五小经济"的主要形式

"小种植"主要是依托庭院和林下独特环境，通过发动困难群众从事种植经济作物活动，不仅增加收入，还极大地丰富了阿尔山市旅游特产。这些旅游特产，主要是：①高寒矿泉水稻[①]、榛子、赤松茸等（如明水河镇西口村）；

[①] 从2016年开始，由阿尔山市明水河镇党委、镇政府主导，阿尔山市农牧业水利和科技局支持，大力发展有机农业，在阿尔山市明水河镇西口村开始进行试种高寒矿泉有机水稻。以水稻旅游产业作为乡村振兴的重要引擎，发展乡村旅游和休闲观光农业，逐步形成"农旅结合、以农促旅、以旅兴农"的发展格局，助推全镇旅游发展。2021年开始种植由袁隆平院士工作站提供的10片叶耐低温的"早308圆粒""早248长粒"新品种水稻和水稻种植技术。

②食用菌种植（如五岔沟镇）；③花卉（如白狼镇）；④卜留克[①]（如天池镇）。

"小养殖"主要是利用自家庭院发展庭院经济或寄养模式的特色养殖产业，如种植经济价值较高的农作物（经济作物）或者养牛、羊、鸡等，通过向商超、市民或旅游者销售获得收入。

"小商业"是指在城镇及主要景点周边，依托阿尔山市旅游旺季到访游客较多的情况，通过多种政策支持，帮助有经营能力和意愿的贫困户发展个体经济，销售针对市民、游客的各类商品取得收入。

"小合作"是指针对无自主发展产业意愿和无劳动能力的建档立卡户，将产业发展资金和金融扶贫贷款投入龙头企业、合作社或能人大户的产业之中，采取入股分红、代养代种等形式，获得资产性收入和合作分红。

"小劳务"是指具有劳动能力的贫困就业人口，在旅游企业（包括一部分社会公益岗位）等单位被优先安排就业，通过自身的务工获得工资性收入。

三、"五小经济"助力减贫与旅游发展情况

阿尔山市围绕旅游这一主业，把"五小经济"作为脱贫攻坚工作的重要抓手，因户施策推广小种植、小养殖、小商业、小合作和小劳务五种模式，通过多年的努力，阿尔山市60%以上的建档立卡贫困户以"五小经济"为载体通过参与旅游实现了增收，贫困户人均年收入达1.3万元以上。

通过"小种植"促使贫困户实现脱贫增收的同时，极大地丰富了阿尔山市旅游特色农产品。例如，五岔沟镇积极利用森林资源和气候条件的优势，培育起食用菌产业，作为全市旅游特色的有效供给地，同时，黑木耳等养殖基地也实现与林家乐项目的融合，成为游客乡村旅游体验的重要地区。近年来，阿尔

[①] 卜留克为俄罗斯语，为"美味佳肴"之意，又名"芜菁甘蓝"。属十字花科二年生草本植物。20世纪中叶由俄罗斯最先引入内蒙古地区。收获于初冬季节，是一种高寒根茎蔬菜。独特的自然生态环境造就阿尔山生产的卜留克富含维生素C的天然本质，已形成我国大兴安岭地区独有的"鲜、香、嫩、脆"等优良品质的特色草本植物，含有25种对人体有益的微量元素，对人体生长发育特别是骨骼发育、维护体液的电解质和化学平衡及促进新陈代谢等具有保健、营养作用，目前已经得到了系列开发。据检测：每百克卜留克含维生素C 54毫克、钙63毫克及其他人体所必需的微量元素，在蔬菜中有"Vitamin C之王"的美誉，由于卜留克维生素C含量高，尤其具有防癌抗癌作用，备受消费者青睐。

山市有 143 户贫困家庭通过参与"小种植",实现了户均增收 10900 万元以上,人均增收达到 4700 元以上。

通过"小养殖"有效地促进了阿尔山市鹿产业、林俗业的有效发展。例如,白狼镇通过旅游扶贫特色养殖示范小区,饲养梅花鹿近 600 头,野猪近 500 头,并以此为基础,进一步挖掘自身林俗特色,建立了白狼镇林俗村[①]、鹿村[②],培育出了"产业+旅游""动物寄养"的发展模式,已经成为游客体验林俗风情的打卡地[③],吸引了大量游客,带动林俗村贫困户年均增收 24100 元。

通过"小商业"如开办林家乐小饭馆、小旅店、小商店、小手工作坊等,丰富了阿尔山市的旅游供给,并促使建档立卡户在政府贴息贷款和产业借款等系列政策帮扶下,主动创业、积极作为。阿尔山市扶持发展"小商业"建档立卡户共 39 户,户均增收 11000 元以上,人均增收达 4800 元以上。同时,"小商业"也明显助力阿尔山市旅游业供给丰富和特色种养殖产品作为旅游特产的销售。

通过"小合作"[④]有效形成专业公司(团体),通过集中销售,有效提升参与人员的收入。例如,阿尔山市林俗文化产业发展有限公司(2015 年成立,阿尔山市精准扶贫基地)把树皮画[⑤]制作与销售作为公司的重要项目之一,通过

---

① 林俗村原名三道沟,林俗村南北长 300 米,东西宽 200 米,面积 6 万平方米,现有住户 76 家,人口 240 多人,多为林业职工家庭。早在 20 世纪 30 年代初这里就有猎民居住,中华人民共和国成立后又成为林区开发建设者最早的定居地。2019 年进行大规模开发,以及村落原有的 20 世纪 60 年代至 20 世纪 90 年代林区村民居住的房屋,按照还原"一座乡土博物馆",打造"一部时光穿梭机"的理念,房屋外貌从 20 世纪 60 年代的茅草房、20 世纪 70 年代的毛石勾缝建筑房屋、20 世纪 80 年代的红砖建筑结构房屋、20 世纪 90 年代的松木木刻楞和白桦木木刻楞饰面房屋,到 21 世纪的新型碳化木饰面房屋等多种类型,同时相应民宿客房内部也注重还原了 20 世纪 60 年代至 20 世纪 90 年代不同时期林业工人的居住环境。

② 鹿村依托 2001 年白狼镇争取林业企业资金建成的特色梅花鹿养殖基地建立,2006 年经批准成为自治区级备案的特色产业村。从 2009 年开始,鹿村利用特色养殖产业创造性地发展了梅花鹿产品深加工、旅游纪念品销售和特色餐饮住宿等经营项目,成为集特色种殖养殖观光、大兴安岭动植物观赏和林区特色餐饮住宿为一体的特色旅游村。

③ 通过发展林俗旅游,越来越多的当地居民转为旅游从业人员,成为"放下斧头当导游,小康生活不用愁"的生动写照。

④ 重点是将扶贫资金进行"捆绑打包",重点投入景区运营、旅游纪念品生产加工、返租式酒店等优势旅游产业项目,通过将资金变成资产入股,贫困家庭按人口获得稳定利润分红。

⑤ 树皮画(白狼林俗树皮画)是由白桦树树皮等天然原料为主料手工精制而成,白桦树树皮采用的是风倒木、过火木、朽木等废木料上剥落下来的树皮进行裁剪,再经过杀菌、压平后,通过精、剪、刻、雕、烫后,进行制作。树皮画是阿尔山特色林俗文化的传承,一方面丰富了当地林俗文化的内涵,另一方面成为富有阿尔山林区特色的名片。

图 3-1　树皮画作品"一路相伴"

有效运营把树皮画这一项非遗代表性项目活化（见图 3-1），公司从几个人发展到带动 200 人以上，通过"公司＋工坊＋农户"的模式①，让更多的居民、贫困户掌握这项非遗技艺的同时，促进了树皮画这门非遗技艺得到有效传承，使得李艳红、谢彩云等一批非物质文化传承人（见表 3-1）在公司专业化运营中得以更好的成长，并带动白狼镇数十个贫困户参与树皮画制作，2016 年以来该公司累计为 46 户 72 名贫困群众发放分红近 30 万元，达到了有效带动贫困群众脱贫致富的目的②。再如，天池镇昊达庄园在已经完成的餐饮住宿业计划融入贫困户股份 500 万元，折合股份 500 股，股份分红不低于 10%，年返红利 50 万元，促使贫困户户均收入达到 10000 元，有效的增加了贫困家庭的收入。

表 3-1　阿尔山市树皮画非物质文化传承人谱系

传承谱系	代表人（生卒年）	主要传承特点
第一代传承人	贾韩氏（1889—？）	经常用桦树皮制作出一些生活用品，如鞋垫、粮盒等
第二代传承人	冯玉梅（1921—1987）	用桦树皮制作生活用品的同时也制作了很多简单的树皮画（白狼林俗树皮画）
第三代传承人	李淑英（1964—至今）	兴安盟非物质文化遗产传承人，利用桦树皮创作出精美的树皮画

---

①　主要是通过初级、中级、高级的阶梯式免费培训，经过统一下单、统一回收、统一销售，树皮画"零风险"地从参与者手中到达消费者手中。

②　长期参与制作树皮画的人员每月至少可收益 2000 元。

续表

传承谱系	代表人（生卒年）	主要传承特点
第四代传承人	李艳红（1976—至今）	自治区级非物质文化遗产传承人，在首饰、文具、服装甚至文化墙设计和家庭软装修上添加了树皮元素
	谢彩云（1980—至今）	阿尔山市林俗文化产业发展有限公司负责人，公司以宣传弘扬林俗文化为己任，以制作销售桦树皮为主要特色和主推项目
第五代传承人	赵桂华、周艳辉、顾长云、张玉琴等人	师从李艳红，致力于将祖辈留下来的树皮画创新发展。

备注：作者根据阿尔山市树皮画非遗传习体验中心相关资料整理而成。

"小劳务"主要通过工作岗位让贫困家庭按人口获得稳定的工资性收入。例如，内蒙古大兴安岭阿尔山旅游发展有限公司（国家5A级旅游景区——阿尔山国家森林公园的运营商）每年向阿尔山市注入100万元扶贫基金，同时针对建档立卡贫困户提供了75个景区管护就业岗位，通过有效的劳务岗位提供，帮助困难群众通过劳务增加收入。

第二节 乡村墙绘艺术助力乡村振兴[①]

一、西口村乡村墙绘艺术的发展

阿尔山市明水河镇西口村[②]位于阿尔山市最南端，是阿尔山市最大的村庄和乡村振兴的样板村，村庄四周山地环绕，春夏秋冬四季分明，具备发展旅游

[①] 本部分撰写得到了中国艺术职业教育学会、明水河镇政府的有力支持，提供了诸多资料和照片。
[②] 阿尔山市明水河镇西口村处在农林牧三区交界处，辖区面积610平方千米，户籍人口893户1992人，常住人口628户1422人，脱贫户195户538人。受气候、交通方面条件的制约，西口村一度是阿尔山市贫困群体最多、贫困程度最深、交通极为不便的地区。近年来，在文化和旅游部、内蒙古自治区文化和旅游厅的大力帮扶下，经过不懈努力，西口村已经退出贫困村行列，所有建档立卡贫困户全部脱贫，"两不愁三保障"高标准实现。巩固脱贫攻坚成果同乡村振兴有效衔接时期，西口村按照"慢种慢养慢生活"生态旅游发展理念，充分发挥文旅赋能作用，逐步将西口村建设成为文旅融合助推乡村振兴的示范村。

业良好的自然条件。近年来，在文化和旅游扶贫的助力下，西口村按照"慢种慢养慢生活"的发展理念，积极探索乡村生态旅游新路径，不断促进当地农民增收，全村 195 户建档立卡户共计 538 人通过旅游实现了有效脱贫，西口村村民走上了"山水变金银"的幸福路。2020 年 9 月，上海美术学院师生在阿尔山市明水河镇西口村以"西口的小康生活"为主题，完成七面墙和一条 350 米的街巷艺术创作，开启了阿尔山市乡村墙绘艺术。2021 年以来，通过系统的乡村墙绘艺术活动，积极探索文化艺术职业教育助力乡村振兴的模式、路径与方法，有效促进了西口村建设成为北方知名艺术乡村。

2021 年，在文化和旅游部的支持下，中国艺术职业教育学会牵头开启了阿尔山乡村墙绘艺术大赛活动，主要是发挥文化艺术职业教育助力乡村振兴的重要作用，通过墙绘和写生的形式描绘美丽乡村，书写美好生活，讲述美好故事，进一步美化村容村貌提升乡风文明。通过连续两年的墙绘大赛活动，墙绘作为美化村容村貌、优化村风文明建设、深化村内文化氛围的地标性作品，成为当地居民、外地游客前来"拍拍照、定个位"的特色旅游选择地，给阿尔山、给西口村留下了一批具有特点的参观点和打卡地。

随着墙绘活动的开展，旅游活动明显增多，不仅村民增收，村集体经济更是几何倍增。2021 年靠着运营民宿、销售文创产品、直播带货、承包食堂，村集体经济收入 24 万元。2022 年前 6 个月，集体经济就已经达到 35 万元。人均年收入也从 2016 年的 4000 元左右增长到 2021 年的 16000 元。

二、阿尔山乡村墙绘艺术活动概况

（一）2021 年阿尔山乡村墙绘艺术活动

2021 年 3 月至 8 月在文化和旅游部的支持下，中国艺术职业教育学会[①]、中国演出行业协会、阿尔山市人民政府共同举办 2021 年阿尔山乡村墙绘艺术

---

① 中国艺术职业教育学会是具备社会团体法人资格的全国性学术团体，前身为中等艺术教育学会，于 1986 年筹建，1994 年正式在民政部登记注册，由文化和旅游部主管，文化和旅游部科技教育司负责业务指导，英文缩写 CEFA。学会是由全国与艺术教育相关的院校、机构、团体，以及从事艺术教育相关工作的个人自愿组成，以艺术职业教育为主要研究对象。

大赛。阿尔山乡村墙绘艺术大赛是中国艺术职业教育学会"立德树人——中国精神"系列活动之一,也是2021年阿尔山市明水河镇西口村系列节庆赛事活动之一。大赛以"墙绘美好生活,助推乡村振兴"为主题,围绕"立德树人、中国精神——百年征程与梦想""脱贫攻坚与乡村振兴""阿尔山的风情""艺术让乡村更美好"四个板块展开。

大赛开展期间上海大学上海美术学院等30余个团队投稿了200余幅作品(见表3-2、表3-3),中国艺术职业教育学会组织8个团队在西口村创作一个月(2022年7月至8月),完成1000平方米主题不同、风格各异的墙绘和70余幅写生作品。其中,广州美院附中、河南艺术职业学院共同完成"百年征程与梦想"党史主题墙绘创作,献礼建党一百周年,现已成为开展主题党日活动和党史学习的重要地点。中国艺术职业教育学会与6所艺术职业院校分别将写生基地落在西口村①,持续助力建设艺术乡村。

在2021年阿尔山乡村墙绘艺术大赛中,各团队通过与当地居民的深入交流,将对阿尔山的特色与文化的感悟融入到墙绘创作中,完成了1000平方米的墙绘。经过作品征集、实地创作、网络投票②和专家评审③,2021年9月确定了大赛结果,分为两个类别奖项(实地创作作品和投稿未上墙作品),实地创作作品一等奖2项(见图3-2)、二等奖5项、三等奖7项、优秀奖5项④(见

---

① 这六所艺术职业院校分别是浙江艺术职业学院、湖北艺术职业学院、河南艺术职业学院、珠海艺术职业学院、四川艺术职业学院、广州美术学院附属中等美术学校。

② 大赛主办方在2022年8月2日至15日组织了网络投票,引起广泛关注,投票网址浏览量超过60万次,总票数突破12万张。

③ 2021年9月2日,阿尔山乡村墙绘艺术大赛终评会在北京举行。中国艺术职业教育学会副会长兼秘书长孙伟、办公室主任赵大志、美术与设计专委会办公室主任刘昶,中国演出行业协会网络表演(直播)分会活动部主任刘颖芒,阿尔山市明水河镇党委书记刘宏岩、副书记吴皓、西口村第一书记郑海勇参加终评。北京工业大学艺术设计学院数字媒体艺术设计系主任李智作为特邀专家参评。

④ 实地创作作品,一等奖为《百年征程与梦想》(广州美院附中、河南艺术职业学院)、《守望西口》(浙江艺术职业学院),二等奖为《那达慕》(珠海艺术职业学院)、《杜鹃花海》(四川艺术职业学院)、《印象阿尔山》(上海大学上海美术学院)、《六色梦幻》(湖北艺术职业学院)、《西西与中华优秀传统文化》(灌木文化),三等奖为《西西之满弦串烧涂鸦图》(河南艺术职业学院)、《草原雄鹰》(河南艺术职业学院)、《花香鸟语阿尔山》(广州美院附中)、《白桦深秋》(四川艺术职业学院)、《慢种慢养慢生活》(湖北艺术职业学院)、《慢西西的童话生活》(灌木文化)、《阿尔山的印记》(浙江艺术职业学院),优秀奖为《祥云吉浪图》(河南艺术职业学院)、《天高云淡原野清》(四川艺术职业学院)、《疯狂的火锅》(四川艺术职业学院)、《蒙古风情》(上海大学上海美术学院)、《素羊群》(湖北艺术职业学院)。

表 3-4），投稿未上墙作品，一等奖 2 项、二等奖 2 项、三等奖 4 项[①]。

表 3-2 2021 年阿尔山乡村墙绘艺术大赛实地创作作品名单（上墙作品）

作品序号	作品名称	完成单位	备注
1	《百年征程与梦想》	广州美术学院附属中等美术学校、河南艺术职业学院	组画 1:《大好河山》广州美术学院附属中等美术学校；组画 2:《红船精神》广州美术学院附属中等美术学校；组画 3:《井冈山精神》广州美术学院附属中等美术学校；组画 4:《伟大长征精神》广州美术学院附属中等美术学校；组画 5:《延安精神》广州美术学院附属中等美术学校；组画 6:《伟大抗战精神》广州美术学院附属中等美术学校；组画 7:《特区精神》广州美术学院附属中等美术学校；组画 8:《建设亮丽内蒙古，共圆伟大中国梦》广州美术学院附属中等美术学校；组画 9:《焦裕禄精神》河南艺术职业学院；组画 10:《雷锋精神》河南艺术职业学院；组画 11:《伟大抗震救灾精神》河南艺术职业学院；组画 12:《伟大抗疫精神》河南艺术职业学院；组画 13:《脱贫攻坚精神》河南艺术职业学院
2	《守望西口》	浙江艺术职业学院	组画 1:《守望西口——路》；组画 2:《守望西口——根》；组画 3:《守望西口——林》；组画 4:《守望西口——家》
3	《阿尔山印记一》	浙江艺术职业学院	
4	《阿尔山印记二》	浙江艺术职业学院	
5	《花香鸟语阿尔山》	广州美术学院附属中等美术学校	组画 1:《花香鸟语阿尔山一》；组画 2:《花香鸟语阿尔山二》
6	《印象阿尔山》	上海大学上海美术学院	
7	《蒙古风情》	上海大学上海美术学院	

---

① 投稿未上墙作品，一等奖为《马》（黑龙江艺术职业学院）、《狩猎图》（珠海艺术职业学院），二等奖为《梅花鹿》（上海大学上海美术学院）、《舞》（福州大学厦门工艺美术学院），三等奖为《我的中国梦》（湖南艺术职业学院）、《冰情四射》（鼎绘手绘工作室）、《青春》（福州大学厦门工艺美术学院）、《3D 石兔》（上海大学上海美术学院）。

续表

作品序号	作品名称	完成单位	备注
8	《画纹云天启》	湖北艺术职业学院	
9	《慢种慢养慢生活》	湖北艺术职业学院	
10	《牧牛》	湖北艺术职业学院	
11	《六色梦幻》	湖北艺术职业学院	
12	《素羊群》	湖北艺术职业学	
13	《草原雄鹰》	河南艺术职业学院	
14	《祥牛草色绿无涯》	河南艺术职业学院	
15	《西西之满弦串烧涂鸦图》	河南艺术职业学院	
16	《牛转乾坤》	河南艺术职业学院	
17	《萌宠狍子》	河南艺术职业学院	
18	《祥云吉浪图》	河南艺术职业学院	
19	《慢西西的童话生活》	灌木文化	
20	《西西与中华优秀传统文化》	灌木文化	
21	《西西的漫画世界》	灌木文化	
22	《贪吃的长颈鹿》	四川艺术职业学院	
23	《白桦深秋》	四川艺术职业学院	
24	《杜鹃花海》	四川艺术职业学院	
25	《天高云淡原野清》	四川艺术职业学院	
26	《疯狂的火锅》	四川艺术职业学院	
27	《那达慕》	珠海艺术职业学院	组画1:《赛马》；组画2:《摔跤》；组画3:《射箭》；组画4:《那达慕》；组画5:《盅碗舞》

备注：根据公开资料整理而成。

表 3-3　2021 年阿尔山乡村墙绘艺术大赛投稿未上墙作品名单

作品序号	作品名称	完成单位
1	《马》	黑龙江艺术职业学院
2	《狩猎图》	珠海艺术职业学院
3	《舞》	福州大学厦门工艺美术学院
4	《青春》	福州大学厦门工艺美术学院
5	《建党一百周年》	福州大学厦门工艺美术学院
6	《冰情四射》	鼎绘手绘工作室
7	《我的中国梦》	湖南艺术职业学院
8	《梅花鹿》	上海大学上海美术学院
9	《3D 石兔》	上海大学上海美术学院

备注：根据公开资料整理而成，按完成单位排序。

图 3-2　实地创作一等奖作品《守望西口》（其二）

备注：①作品由浙江艺术职业学院设计学院美术系舞台艺术设计与制作和动漫设计专业教研室师生团队 13 名师生历时 15 天，通过与当地居民的深入交流，将对阿尔山的特色与文化的感悟融入到墙绘创作中，作品总面积将近 160 平方米，主要描绘了阿尔山西口村的四类主要人群：农牧民、林场职工、边派民警与铁路职工。通过写实的手法，描绘了当地劳动人民在这片土地上的奋斗经历和幸福生活。既体现了西口村脱贫攻坚与乡村振兴新面貌，也展现了西口村"农牧林"三区节点的独特人文自然风光。②照片由中国艺术职业教育学会提供。

活动举行期间，中国演出行业协会网络表演（直播）分会分两批组织 14 家会员企业和多位主播到西口村直播宣传墙绘；抖音专门设置"阿尔山墙绘 dou 起来"话题，相关视频播放量超过 207 万。《文旅中国》设置阿尔山乡村墙绘艺术大赛专题，发布相关报道12篇，总浏览量超过120万次。众多网络主播、周边干部群众及过路游客纷纷前来打卡，影响不断扩大。

（二）2022年阿尔山乡村墙绘艺术活动

2022年中国艺术职业教育学会、内蒙古自治区阿尔山市人民政府在文化和旅游部科技教育司、文化和旅游部人才中心和内蒙古自治区文化和旅游厅的指导下继续开展"2022年阿尔山乡村墙绘艺术创作及写生活动"，旨在发挥文化艺术职业教育助力乡村振兴的重要作用，通过墙绘和写生的形式描绘美丽乡村，书写美好生活，讲述美好故事，进一步美化村容村貌，提升乡风文明，推动文化和旅游部定点帮扶的阿尔山市明水河镇西口村建设成为北方知名艺术乡村，活动持续半年（见表3-4）。

表3-4　2022年阿尔山乡村墙绘艺术创作及写生活动日程

项目	安排
作品征集	2022年3月29日至5月30日
作品初审	2022年6月初
现场实施	20222年6月至7月（具体实施时间视工作进展情况另行通知）
作品终评	2022年8月（具体评审时间视工作进展情况另行通知）
成果发布	2022年8月（具体发布时间视工作进展情况另行通知）

备注：根据公开资料整理而成。

2022年阿尔山乡村墙绘艺术创作及写生活动以"绘出美好，助力振兴"为主题，设立"砥砺前行·喜迎党的二十大""接续兼进·乡村振兴新面貌""独具一格·慢种慢养慢生活""文旅赋能·艺术让乡村更美"四部分内容。墙绘写生具体地点分别在阿尔山市火车站广场、明水河镇镇政府广场、西口村。①"砥砺前行·喜迎党的二十大"，以喜迎党的二十大为主题，以中国共产党党史为基础，将大事件、大人物与小事件、小人物，进行艺术处理，以墙绘艺术呈现（位置在明水河镇政府，数量1幅）。②"接续兼进·乡村振兴新面貌"，将脱贫攻坚和乡村振兴工作成果以墙绘艺术呈现，包括城镇、乡村面貌，百姓精神风貌，脱贫攻坚精神，乡村振兴，美丽乡村、乡风文明等内容（位置在西口村大食堂,数量1幅)。③"独具一格·慢种慢养慢生活",将阿尔山的"京蒙帮扶"四季独特风光和西口村农区、林区、牧区三区节点风土人情,以墙绘艺术呈现(位置在阿尔山火车站广场,数量1幅)。④文旅赋能·艺术让乡村更美",自由艺术创作,包括抽象画、涂鸦、3D立体画等,方便游客和周边民众融入墙绘之中拍照打卡(位置在西口村易地搬迁一小区,数量14幅)。

"2022阿尔山乡村墙绘与写生活动"共分为三个批次进行,第一批次活动于2022年6月15日至7月1日进行,黑龙江艺术职业学院团队7名师生、福建艺术职业学院7名师生、四川艺术职业学院6名师生、吉林艺术学院6名师生在各会员院校的支持下历经15天共绘制300余平方米的墙绘作品,写生作品70余幅。第一批次活动期间各团队共创作了自媒体作品140余件、1957名粉丝关注了活动、有460余万人次观看,第二批活动期间各团队共计创作了自媒体作品103件、312名粉丝关注了活动、7万余人次观看。活动期间,大学生团体还通过抖音、快手短视频平台以及微信公众号等近10个网络平台,以直播、视频、图文等形式展示阿尔山美景以及墙绘创作和写生的生活(见图3-3、图3-4、图3-5)。

图3-3 四川艺术职业学院创作的《农、林、牧三重唱》墙绘(整体及局部)

备注:《农、林、牧三重唱》作品绘制于西口村大食堂的外墙,以"美景"和"美食"为主题,采用暖色调,表现了果蔬飘香的田野,苍郁茂盛的森林,宁静和谐的牧场。作品色彩浓郁,造型夸张,其中蘑菇、玉米、白菜、土豆、萝卜、苹果、公鸡都进行了比例的夸大,强化了视觉冲击力。作品还表现了翻腾的红鲤和嬉戏的小孩,渲染了画面吉祥、喜庆的氛围,更加接地气和为村民喜闻乐见。

图 3-4　活动自媒体视频截图

备注：截图自中国艺术职业教育学会发布的相关视频。

图 3-5　活动自媒体视频截图

备注：截图自四川艺术职业学院发布的相关视频。

三、阿尔山乡村墙绘艺术活动的持续作用

一是通过墙绘讲好西口故事。阿尔山乡村墙绘与写生活动不仅用墙绘的形式美化了西口村的村容村貌，也以写生活动描绘了美丽乡村，提升了乡风

文明（见图3-6）。活动开展期间，美术院校承担各项任务，还通过自媒体平台，将制作墙绘的过程进行直播和短视频编辑，抒写了西口村的美好生活，讲述了西口村村民美好故事，为"艺术助力乡村"开展网络宣传，扩大社会影响力和传播效应。墙绘创作期间，抖音专门设置"阿尔山墙绘dou起来"话题，参与创作的学生发布相关视频播放量超过600万次。墙绘完成后，众多网络主播、群众及过路游客纷纷前来打卡，也成为主题党日活动开展的重要地点，影响力不断扩大，为西口村夯实全国乡村旅游重点村做出有效贡献。

图3-6 "幸福西口欢迎您"墙绘

备注：2021年湖北艺术职业学院创作。

二是活动开展与专业技能传播紧密结合。2022年7月"2022阿尔山乡村墙绘与写生活动"第二批次活动期间，在西口村村党支部的支持下建设了中国艺术职业教育学会驻西口乡村振兴工作站孵化点。同时，中国艺术职业教育学会乡村振兴工作委员会、阿尔山市明水河镇人民政府在西口村举办了"第一届CEFA西口村乡村振兴大讲堂"，江西艺术职业学院帅敏老师在大讲堂中讲授了《工艺美术助力西口文化产业振兴》，通过系统的实际案例有针对性地分析西口村文化产业提升路径，切实助力西口村文化振兴。

三是有效带动旅游消费。一方面，系统地组织全国文化艺术职业到访西口村，活动本身的开展就带来了一定的人流；另一方面，连续两年的墙绘成果吸引来更多的人流。同时，为多方面满足游客的旅游体验，西口村不断丰富旅游供给，以后备箱经济为核心，以新景观和新消费为要点，打造出了"西口十八系列"①（主要包括"西口十八景""西口十八碗""西口十八款""西口十八表情包"），增加了旅游消费，设计了以西西为主的一系列旅游动漫形象②（见图3-7），推出了"漫游西口手绘地图"（见图3-8）。有效促进西口村立足旅游，却又突破旅游，走出了一条民俗、民居、民宿多元并举，生产、生态、生活有机融合的乡村振兴新方式，走出了一条"以为森林资源为本体，以为乡村旅游为基础，以创意设计为引领，以数字文化、柳编人才为支撑的3+X产业发展新路径"。

图3-7 萌趣可爱的西口村"吉祥物"西西

---

① "西口十八系列"作为西口乡村旅游品牌在2020年阿尔山市"中国农民丰收节"活动中正式推出，其中包括"西口十八景""西口十八款""西口十八碗""西口十八表情包"。

② 2020年，在文化和旅游部产业发展司的大力支持下，将西口村的文化特色进行凝练，设计了以西西为主的一系列旅游动漫形象。"西西""皮皮"形象以农区的土豆、林区的松果、白桦树，牧区的蒙古帽元素综合设计，体现西口村农牧林三区节点的地域特色，"西西"的特点是乐呵呵、慢悠悠，体现西口村"慢种慢养慢生活"的生态旅游发展理念。

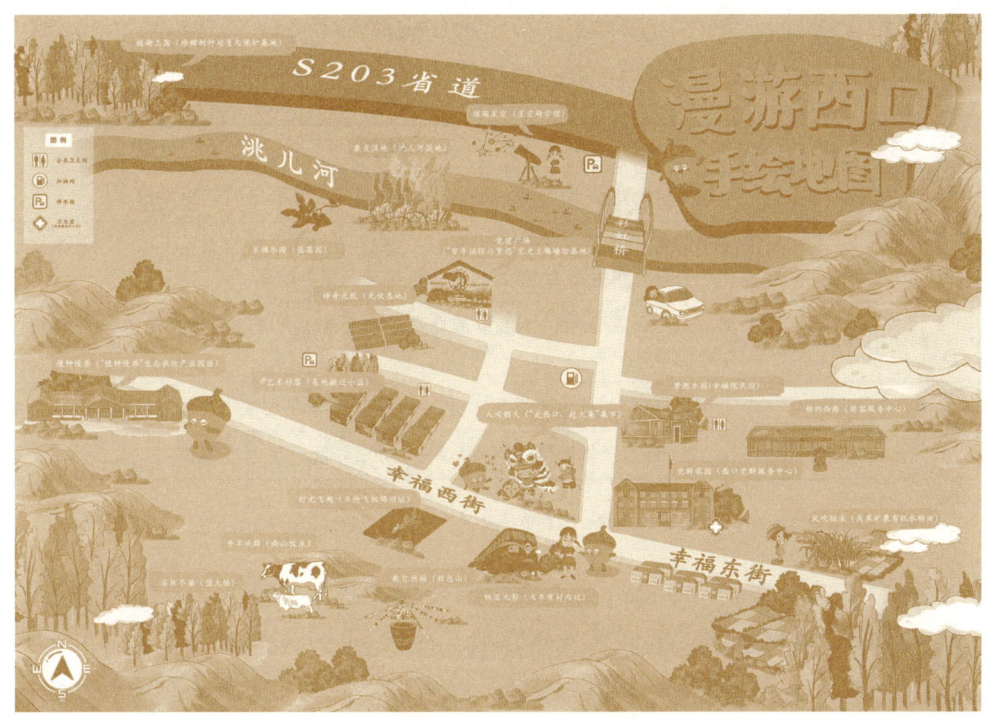

图 3-8　漫游西口手绘地图

第三节　节事活动与扶持政策带动旅游市场

一、坚持举办特色鲜明节事活动

为助推阿尔山市四季旅游协同发展，阿尔山坚持"做热淡季、延长旺季、经营四季"的发展理念，大力举办特色鲜明、参与性强的节事活动，丰富文化旅游内涵，提高知名度和影响力。"十三五"期间，阿尔山市共举办各类节事活动 200 余场（次），阿尔山市现有较为成熟的节庆活动品牌 5 个（见表 3-5），分别为阿尔山杜鹃节、阿尔山圣水节、阿尔山音乐节（阿尔山森林音乐节与中俄蒙消夏音乐节）、阿尔山摄影艺术节、阿尔山冰雪节。

表 3-5 阿尔山市主要节事活动一览

活动名称	简介
阿尔山杜鹃节	以兴安杜鹃花开为主要形式的旅游节庆活动，每年 5 月定时举行
阿尔山圣水节	圣水节是阿尔山民间传统节日，结合阿尔山温泉/矿泉文化，以传播圣水文化、引导健康生活为主题，自 2003 年起已举办十届
阿尔山音乐节	阿尔山森林音乐节、中俄蒙消夏音乐节每年 8 月至 9 月定期举办，自 2015 年起已举办七届
阿尔山摄影艺术节	每年 9 月至 10 月定期举办，自 2013 年起已举办九届
阿尔山冰雪节	每年 11 月至次年 3 月定期举办，自 2002 年起已举办十六届

备注：作者整理而成，计算时间截至 2021 年年底。

同时，近年来成功举办的第四届中国残疾人冰雪运动季、首届"勇闯天涯"杯阿尔山冰雪国际马拉松等冰雪赛事、首届全国少数民族围棋大赛等赛事活动、全国自由式滑雪空中技巧锦标赛、第五届全区青少年雪地足球赛等体育赛事，也具有较大的影响力。其他比较重要的自治区级、盟级主题日活动，也经常在阿尔山市举办，例如，2018 年内蒙古花季旅游暨阿尔山兴安杜鹃节活动[①]（见表 3-6）、2022 年"中国旅游日"兴安盟主会场活动[②]、"文化和自然遗产日"非遗宣传展示内蒙古主会场活动均在阿尔山市举办。同时，新时期的新节庆活动也有序开展，如白狼镇西口村从 2020 年持续举办的"中国农民丰收节"等活动。

[①] 由内蒙古自治区旅游发展委员会、中共兴安盟行政公署共同主办，为促进内蒙古全季旅游的系列活动第一站。

[②] 2021 年"5·19 中国旅游日"内蒙古自治区分会场主题活动暨感悟中华文化·享受美好旅程主要活动有"杜鹃花开"花季旅游系列活动开幕式、"印象·内蒙古"书画摄影作品展览、《杜鹃花开·以花为媒·云游阿尔山》抖音大赛、特色旅游商品及非遗产品展示交流会、欢乐越野跑、《激情四射 魅力阿尔山》广场舞大赛等十余项主题活动。

表3-6　2018年内蒙古花季旅游暨阿尔山兴安杜鹃节活动日程

活动时间、地点		2017年5月18日9点至20日18:00，主会场设在阿尔山市圣泉广场、阿尔山国家森林公园、阿尔山市白狼镇、阿尔山市宾馆
活动主题		旅游让生活更幸福。推动文化、休闲体育与旅游产业的深度融合，突出旅游惠民、群众参与的宗旨，培养百姓旅游意识的形成，吸引更多的人关注旅游，参与到旅游活动中来
主要节点	5月19日	9:00 2018年内蒙古花季旅游暨阿尔山兴安杜鹃节开幕式
		9:30 观看蒙古服饰展演 活动内容：观看第十五届蒙古族服装服饰艺术节之"阿尔山四季都很美"预赛选手蒙古服饰展示
		9:50 举办千人春游赏杜鹃徒步赛 活动内容：邀请全市及周边各旗县市的干部职工及群众组队报名参加本活动
		10:00 举办摄影大赛及作品展 活动内容：在全国范围内征集能够充分体现阿尔山的四季风光、百姓生活、民风民俗等作品。参赛作品在阿尔山—柴河景区杜鹃湖景点集中展览
		10:30 万人赞杜鹃网上点赞活动 活动内容：在网上开展赞杜鹃活动，最终为点赞多的网友免费发放入园门票
		12:00 参加内蒙古味道美食节 活动内容：将以赏花寻味为主题，集中展示"阿尔山山野十二味"美食，让"内蒙古味道"丰富花季旅游的内容，以此推动花季旅游的多元化和吸引力
		14:30 参加白狼镇观赏兴安杜鹃系列活动 活动内容：观赏白狼峰杜鹃花、相亲大会、亲子体验游、兴安盟非物质文化遗产展示、马术表演、射箭比赛、林俗婚礼展示
		18:30 观看第十五届蒙古族服装服饰艺术节之"阿尔山四季都很美"预赛 活动内容：来自兴安盟及其他盟市选派的20支代表队、共300人左右参加比赛，届时可以观看蒙古族服饰展演，蒙古族服饰有传统、冬季传统、现代成衣、现代礼服、行业工装、饰品、帽子（男帽为主）、中小学生校服、现代体育休闲成衣
	5月20日	9:00 举办全盟广场舞大赛 活动内容：本届赛事由盟文体广电局和阿尔山市联合主办，各旗县市分别派出1~2支队伍参赛，总人数将达到600人左右

续表

主要节点	5月20日	10:30 举办骑游挑战赛 活动内容：本次活动由阿尔山市政府主办，招募骑行爱好者、骑游协会、各骑友俱乐部、自行车队约 600 人参与活动。比赛以山地车赛为主，全长 45 千米
		14:30 举办国际科研营地高峰论坛 活动内容：邀请国内外教育行业、游学行业、旅游行业、企业界精英等 150 人左右参加。论坛以科研旅行为契机，融入中国传统文化与科研知识，号召中国知名教育界、旅游界专家共同参与，打造国际科研营地，引导中国研学旅行的健康发展，促进营地与学校课程的有机融合

备注：作者整理而成。

阿尔山冰雪节是阿尔山市发展冬季旅游的重要活动，以全面感受冰火两重天的阿尔山为核心（冰雪与温泉），是集文化、体育、旅游、经贸于一体的综合性节庆活动，截至 2021 年已经连续举办了 16 届[①]。2021 年 12 月以"汇聚冰雪情，共燃冬奥梦"为主题的第十六届阿尔山冰雪节举行，并首次通过多渠道线上直播的方式对外呈现（见图 3-9、表 3-7），总曝光量为 4700 万+[②]，取得了较好的影响力，把阿尔山优质的冰雪资源和旅游品牌通过线上、线下两个渠道向全世界进行了充分展示。

[①] 阿尔山冰雪节创办于 2002 年，曾荣获中国十大最具影响力冰雪旅游节事称号。

[②] "第十六届阿尔山冰雪节"取得了很好的成绩：总曝光量为 4700 万+。主要分为三个阶段：①前宣区域官方发起，全国网络媒体，抖音挑战赛话题跟进（人民网、新华网、光明网等党政媒体转载并传播了本次活动，以当地特色的"泼水成冰"文化带动第十六届阿尔山冰雪节，同时联动全国 500 多万热爱冰雪文化的人一起互动）前期传播量为阅读 1500 万+。②2022 年 12 月 30 日开幕式直播当天，一共获得全国 1600 万+的关注和活动（网易直播在线人数达到 101 万+，新闻发布 20 篇次，转载 165 篇次，共获得阅读量 1500 万+，同时直播在《一起旅游吧》《旅游杂志》KOL 转载一共吸引 3.2 万粉丝的关注，并分发到 20 个旅游社区中）。③活动后期利用直播时的大量素材，通过新闻、百万级旅游达人，以及自带流量的网红，一共收获 1600 万+阅读互动 2 万+（新闻总结发布 20 篇次，转载收录 101 篇次，阅读量 800 万+；百万级滑雪达人石矶 star 阅读 500 万+，互动 7000+；百万级时尚旅游达人奔跑的张萌儿抖音阅读 200 万+，互动 5000+；环球旅游丹丹主持人全媒体发布：抖音阅读 100 万+；互动 2000+；视频号阅读 50 万+；互动 5000+）。

第三章 阿尔山市旅游促进减贫与可持续发展主要经验

图 3-9 第十六届阿尔山冰雪节百日主播推旅游活动

说明：百日主播推旅游活动旨在通过抖音、快手等新媒体平台，常态化宣传营销阿尔山旅游，利用阿尔山网红孵化基地培养和发展网红经济，为第十六届阿尔山冰雪节营造网络热度，推进兴安盟人游阿尔山活动的升温加热，为阿尔山增人气、引流量、吸雪粉。

表 3-7 2021 年第十六届阿尔山冰雪节主要活动项目

序号	活动项目	取得效果
1	"慢游阿尔山，四季美如画"全国千家旅行商线上直播推介会	2021 年 11 月 24 日，举办"慢游阿尔山，四季美如画"全国千家旅行商线上直播推介会，面向全国 21 个省市、超过 1000 家旅行商推介阿尔山旅游，为阿尔山冰雪节预热推广，成功吸引了 10 万+人次观看、互动、好评
2	"聚焦阿尔山，燃情冰雪季"冬季旅游网络摄影大赛	2021 年 12 月初，以"聚焦阿尔山，燃情冰雪季"为主题的冬季旅游网络摄影大赛，最终评审出四季风光作品 10 个、冬季风光作品 12 个、视频类作品 6 个
3	"百日主播推旅游"直播活动	2021 年 12 月 16 日，为阿尔山增人气、引流量，成功举办首场"百日主播推旅游"直播活动。由阿尔山市融媒体中心和文体局主播通过抖音平台进行首场推介。在一个半小时的时间里，主播对阿尔山冬季冰雪旅游资源、产品，"温泉+滑雪"特惠轻奢旅游产品政策进行了发布，并为网友们赠送了免费滑雪门票

— 49 —

续表

序号	活动项目	取得效果
4	"汇集冰雪情 共燃冬奥梦"第十六届阿尔山冰雪节开幕式	2021年12月30日,第十六届阿尔山冰雪节首次通过线上直播的方式呈现开幕式盛况,邀请了环球旅游知名主持人为阿尔山主持。通过"阿尔山之梦 燃情冬奥、阿尔山之美 融在风貌、阿尔山之悦 尽在旅途、阿尔山之情 军旅之路、汇集冰雪情 共燃冬奥梦"5个篇章全方位、多角度探秘阿尔山的神奇魅力。直播从10:00开始到11:30结束,通过网易新闻直播平台进行线上直播,新华社、《内蒙古日报》社草原云携手103旗县融媒体、《兴安日报》社官方微信、抖音、快手、兴安智慧手机台等媒体进行直播推流,合力宣传。总曝光量为4700万+
5	线下活动	建设完成开幕式背景雪雕、冰雪雕园、"一场两站"等场地雪雕,安装完成网红月亮,积极推进大青房内部布置等项目建设

备注:根据阿尔山市文化旅游体育局官微"【第十六届阿尔山冰雪节】活动丰富!精彩纷呈!圆满成功!"报道整理而成。

  自2018年中国农民丰收节设立后,阿尔山市白狼镇西口村自2020年开始举办"中国农民丰收节"系列活动,设有十大主题活动,包括"走西口 赶大集"丰收节专场集市、敖包山祈福、丰收节花椒平台全程直播、丰收节开幕式、名企业签约仪式、专场文艺演出、西口十八款农产品体验展销活动、快乐农事体验活动、体验品尝"西口十八碗"、网红现场直播带货。通过多彩的农牧文化、丰富多样的农产品以及广大农牧民的时代风采,带火了"西口十八"乡村旅游品牌,有效促进"西口十八景"①、"西口十八款"②、"西口十八碗"(见表3-8)、"西口十八表情包"等系列产品推广。

---

① "西口十八景"是西口当地十八处特色人文和自然景观,在这里可以看到西口村秀丽的景色,可以体会到西口村百姓的风土人情,主要有敖包祈福(南山敖包)、幸福西口(西口村全景)、人间烟火(走西口、赶大集)、庆丰收(农民丰收节)、年味十足(杀年猪、乡村春晚)、生态宜居(安居思源、浓情佳苑小区)、产业兴旺("慢种慢养"生态农牧产业园区、光伏基地)、层林尽染(望火楼)、牛羊成群(南山牧点)、铁道光影(铁道朝阳、夕阳、火车经过)、星空璀璨(西村幸福苑民宿观星)、青山碧水(北山望洮儿河谷)、油菜花海(油菜花地,两片)、花果飘香(沙果园、沙果街巷)、风吹稻浪(高寒矿泉水稻地)、冰天雪地(广场雪景)、植物王国(珍稀树种培育与保护基地)、最美湿地(西侧大桥洮儿河湿地)。

② "西口十八款"是十八款西口当地及周边的特色农副产品,主要有沙果、"甄好喝"、沙果干、天然蜂蜜、风干牛肉干、明水河原麦粉、野生韭菜花、野玫瑰、蓝莓果干、野生木耳、野生木耳蘑、野生榛蘑、野生金莲花、野生小白蘑菇、野生猴头菇、野生小黄蘑、赤松茸、野生婆婆丁。

表 3-8 "西口十八碗"一览

特色	菜品
东北农区黑土味道	1. 福禄寿喜——酸菜炖黑猪肉 2. 共鸣春晓——旱蒸鸳鸯鸡 3. 鸿运当头——红烧土鹅 4. 青春永驻——山韭菜煎溜达鸡蛋 5. 招财进宝——土豆烧猪手 6. 大富大贵——小葱豆腐 7. 玉盘珍馐——水果拼盘 8. 稻花丰年——阿尔山矿泉水稻米饭
大兴安岭林区山野味道	1. 一品争鲜——山珍佛跳墙 2. 绿野仙踪——粉蒸哈拉海 3. 千丝万缕——凉拌卜留克丝 4. 百舸争流——酱焖柳根鱼 5. 艺蕨高下——清炒野生蕨菜 6. 金榜题名——椒盐黄花菜 7. 春色满园——野菜拼盘蘸酱 8. 荷塘月色——清炒山野时蔬
内蒙古牧区草原味道	1. 百转千回——羊肉盘肠 2. 草原一绝——手把肉 3. 飞黄腾达——烤羊腿 4. 千滋百味——椒香牛肉 5. 节节高升——粽叶炒米黑猪骨 6. 三阳开泰——凉拌羊肉 7. 阖家欢乐——鱼羊一锅鲜 8. 双喜福袋——羊肉牛肉饺子

备注：根据公开资料整理而成。

为了助力阿尔山会奖旅游发展，2018年建设完成了阿尔山论坛中心[①]（见图3-10），努力将其发展成为兼具亚洲特色和全球影响的国际交流平台。自2018

[①] 阿尔山论坛中心始建于2018年5月8日，占地面积8.8万平方米，建筑面积7900平方米，总投资1.5亿元，是内蒙古自治区重点建设项目。分为1个主会场、3个分会场、1个无纸化办公会议室和2个商务会议室，可容纳30~600人。主要承担中心举办的国际国内文化艺术、经济技术、社会科学等领域的会议服务工作；组织开展区域间同业交流访问活动，举办演出展览、培训讲座等相关文化活动。阿尔山论坛中心于2019年8月1日升格为正科级事业单位，目前已成为阿尔山市地标性建筑。阿尔山论坛中心下属国有公司阿尔山市通达会务服务有限责任公司，注册资本100万元，工作人员9名，全程为会议提供相关配套服务，以确保会议论坛顺利召开。同时，阿尔山市通达会务服务有限责任公司还成立了阿尔山论坛中心院线影院，为参会人员提供观影文化生活服务。

年阿尔山论坛中心建成以来，阿尔山论坛中心承办阿尔山论坛、中国生态文明论坛、校友经济论坛、第六届"中国·民族区域法治论坛"、第十四届"环渤海区域法治论坛"、2020年中国少数民族文学论坛等各类大中小型会议、活动300余场，参会人数达4万余人。同时，阿尔山论坛中心内设内蒙古图书馆阿尔山分馆，拥有纸质藏书3万余册及电子图书20万册，助力阿尔山市打造成为面向全国的读书之城和读书爱好者集散地，努力建设成为世界级书香小城。

图 3-10　阿尔山论坛中心及内部图书馆

备注：图片由阿尔山论坛中心提供。

二、通过热点综艺类节目打造网红景点

阿尔山市注重通过各类热点节目推广旅游品牌。通过2016年《奔跑吧兄弟》[①]、2018年《亲爱的·客栈》[②]等电视娱乐节目，持续扩大奥伦布坎景区[③]、白狼镇旅游扶贫产业园地球仓阿尔山店等景点的知名度。

---

① 《奔跑吧兄弟》是浙江卫视推出的大型户外竞技真人秀节目，第四季第十一期在阿尔山录制，其中奥伦布坎景区作为拍摄点之一，2016年6月17日晚21∶10，浙江卫视播放《奔跑吧兄弟》奥伦布坎疯狂动物追逐战。

② 《亲爱的·客栈》是湖南卫视推出的经营体验类观察真人秀节目，节目通过让明星们经营客栈，感受到不同于拍戏的生活，远离喧嚣，在慢节奏生活中寻找生活初心，第二季共13期，于2018年10月12日起每周五晚22∶00在湖南卫视首播，于2019年1月4日收官。

③ 奥伦布坎景区是国家4A级旅游景区，以"通古斯部落文化、狩猎文化、冰雪文化"三大文化为依托，打造了"探秘大兴安岭、奥伦布坎部落、魔法汤泉圣地、野奢梦幻时光、自驾集结地、冰雪嘉年华、奥伦布坎国家湿地公园"七大主题产品，形成集文化体验、创意游览、科普发现、时尚休闲、特色度假、冰雪娱乐等功能于一体的大型旅游综合景区。

2016年6月浙江卫视播放《奔跑吧兄弟》奥伦布坎疯狂动物追逐战播放，录制现场系统展示了景区内草原、森林、火山、冰川、湿地、花海、湖泊为一体的完整景区，同时就景区所展示的通古斯失落文明等引发了游客极大的兴趣，使得部落探访、黑森林穿越、野河漂流等活动得到广泛宣传，同时引发了景区内集装箱自驾车营地、星空房、功能温泉、古法火山岩烤肉等设施和活动受到广泛关注（见图3-11）。

图3-11　奥伦布坎景区《奔跑吧兄弟》拍摄现场及集装箱酒店

备注：照片由奥伦布坎景区提供。

2018年冬季湖南卫视《亲爱的·客栈第二季》在阿尔山市白狼镇鹿村取景拍摄，客栈的主体采用"地球仓"，从选址、设计、搭建，都由老板和员工亲身参与，就地取材，以木制品和火山岩元素点缀客栈，与鹿村环境和谐共生，营造山林湖海共同体,寓意接近自然,寻找初心,客栈采用360度全透明环形玻璃为主体(见图3-12),节目录制结束后,已经成为阿尔山旅游的网红打卡地。

图3-12 地球仓主体

三、"阿尔山礼物"大赛助力文创升级

阿尔山市以设计打造文化旅游IP底色和基础为切入点,不断增加文化旅游底蕴,推动文化旅游提质升级。为了提升阿尔山文化品质,以文化和旅游部定点帮扶设立"特色文化产业和旅游产业产学研结合扶持计划"为核心,2020年10月举办了"首届阿尔山礼物文创大赛",大赛面向院校设计专业教师和学生、创意设计机构的创意设计专业人员、从事文创产品开发、生产的专业机构、对文创产品开发、IP原创开发有志趣的社会各界人士,分为插画设计、特色农产品包装设计、传统工艺产品及衍生品设计、特色民宿设计4个类别,围绕阿尔山市的自然风光和地域风情,以阿尔山市的水文化、蒙元文化、林俗文化、冰雪文化、红色文化为重点,结合阿尔山杜鹃节、圣水节、冰雪节等节庆活动,开展创意设计,将阿尔山的文化与产品进行深度融合,助推阿尔山的品

牌形象。

大赛共收到作品 512 件，征集到"插画图案设计及应用"作品 125 件、"文创设计"作品 135 件、"特色农产品包装设计"101 件、"特色民宿设计"42 件。作品来自江南大学、南京艺术学院、鲁迅美术学院、中央美院等 85 所院校及多家文创企业和个人（见表3-9）。2021 年 6 月，组委会从创新性、文化特色、生产可行性、商业推广等方面组织专家评委对作品开展评审，共评选出一等奖 3 名、二等奖 8 名、三等奖 16 名、优秀奖 44 名。

表 3-9　2020 年"阿尔山礼物"文创设计大赛作品特点

类型	特点
插画图案设计及应用	作品以阿尔山地标火车站、国门等建筑形象；白桦林、火山石、雾凇、天池等特色自然景观；石兔、兴安杜鹃等地方动植物形象为素材，设计阿尔山市的插画图案形象以及使用方式
文创设计	依托阿尔山市树皮画、蒙古族皮雕、木雕、刺绣等传统工艺项目，设计具有地区文化特色、符合现代生活需求、结合非遗元素，具有市场前景的伴手礼、纪念品、办公用品等文创产品
特色农产品包装设计	以阿尔山市特色林下产品等为侧重点，结合扶贫和乡村振兴，为木耳、蘑菇、野菜等产品设计具有鲜明地方特征、美观、实用、便携、节约的包装设计
特色民宿设计	以明水河镇西口村、白狼镇林俗村等林区村落为设计重点，以北方林区民宿为底蕴，兼顾冬暖消夏功能，以外观和室内设计效果图作为参赛内容，作品具有地域特色、适合推广、便于建造管理、屋型丰富等特点

备注：根据公开资料整理而成。

"首届阿尔山礼物文创大赛"发布了"阿尔山礼物"①视觉形象及相应衍生产品设计成果，"阿尔山礼物"的视觉形象设计以阿尔山"水"文化为核心，以阿尔山天池的水滴形为视觉来源，结合蒙文运用竹板笔的书写方法，将"阿尔山"三个字形的笔画互借共用，并对轮廓线进行提取，形成一个以水文化为主题的整体视觉形象，运用周边景物的映照，体现水融合自然、包容万物的生机。同时，选取"松柏绿""天池蓝""杜鹃红""雾凇白"四种颜色，以展现

---

① "阿尔山礼物"的视觉形象设计由中央美术学院萧立教授带领的 8 人团队进行的艺术创作和设计。

阿尔山四季美景，色彩变幻。

"首届阿尔山礼物文创大赛"的设计成果、"阿尔山礼物"视觉形象及相应衍生产品设计成果转化为文旅商品，通过大力发展阿尔山伴手礼来提升阿尔山二次消费的水平，推动文化旅游产业健康快速发展。

四、注重奖补政策持续推动游客增长

近年来，阿尔山持续推动旅游奖补措施，扩大客源。主要聚焦在三个方面，一是利用好自治区、兴安盟奖补覆盖政策，二是推出常规夏季旅游市场奖励和冬季旅游出台专项奖补政策，三是推动旅游企业积极实施优惠政策。

在积极利用上级奖补政策方面，积极推进《兴安盟扶持旅行社发展实施方案》（见附件1）。为实现疫后旅游企业的复工复产，2020年兴安盟出台了《兴安盟扶持旅行社发展实施方案》，从对招徕游客、品牌建设、引进优秀旅行社、金融支持、导游队伍培养、旅游专列开行、落实就业保障政策7个方面扶持旅行社发展并进行奖补。兴安盟及时落实了《兴安盟扶持旅行社发展实施方案》，2022年5月对2021年度享受奖补的旅行社发放奖补资金507万元，注册地在阿尔山市的旅行社（见表3-10）占大多数，享受到了游客招徕奖励（按《兴安盟扶持旅行社发展实施方案》除了20元/人的补贴政策，对旅行社按照招徕游客人数进行年度排名，前5名旅行社分别给予了30万元、25万元、20万元、15万元、10万元的一次性奖励）。

表3-10 2021年度兴安盟旅行社奖补招徕游客排名（前20名）

序号	旅行社名称	招徕游客人数（人）
1	阿尔山市金桥旅行社有限责任公司	27972
2	内蒙古大美兴安旅行社有限责任公司	20498
3	兴安盟风光旅行社有限责任公司	13594
4	阿尔山市天行旅行社有限责任公司	11894
5	呼伦贝尔市海邻旅行社有限责任公司	7196
6	阿尔山市泉城旅行社有限责任公司	2594

续表

序号	旅行社名称	招徕游客人数（人）
7	阿尔山市大地旅行社有限责任公司	2255
8	阿尔山市大自然旅行社有限责任公司	1617
9	通辽市神州旅行社有限公司乌兰浩特分公司	1451
10	阿尔山市天池旅行社有限责任公司	1345
11	阿尔山市大森林旅行社有限责任公司	1139
12	兴安盟运通旅行社有限公司	1094
13	乌兰浩特市蓝印旅行社有限公司	774
14	长春三合旅行社有限公司	628
15	哈尔滨铁道国际旅行社有限公司	459
16	阿尔山市六和旅行社有限公司	408
17	阿尔山市明珠旅行社有限责任公司	378
18	兴安盟五洲行旅行社有限公司	351
19	阿尔山市腾韵旅行社有限公司	227
20	兴安盟天宝国际旅行社有限公司	224

备注：根据2022年5月12日兴安盟文化旅游体育局《关于2021年度旅行社奖补招徕游客排名情况的公示》整理而成。

阿尔山市根据市场特点，常年有针对性地动态调整夏季旅游奖励和冬季旅游专项支持政策（见附件3、附件4），并每年进行更新。例如，2022年阿尔山市市政府在疫情防控常态下，为激发旅游市场活力，加快行业复苏，助力国家级旅游度假区创建工作，不断提升市场活跃度和影响力，发布了《阿尔山市2022年夏季旅游市场奖补政策》（见附件3），奖补措施从2022年6月25日持续至10月10日，主要针对组织市外游客在阿尔山市停留1夜（含）以上，游览兴安盟1个5A级景区及其他2个收费景区，每人奖补100元，奖补总金额达1500万元（见表3-11）。实施的奖补对象为在奖补期限内，组织旅游团队到阿尔山旅游的旅行社。申请奖补旅行社应同时具备依法依规设立、具有组织或承接旅游团组资质，且申请奖补当年未受到文化和旅游部门行政处罚、无重大旅游安全责任事故等条件，同时规定此政策与《兴安盟扶持旅行社发展实施方案》中20元/人的补贴政策可重复享受，由此可累计享受奖补120元/人。

表3-11 阿尔山市2022年夏季旅游市场奖补政策

奖补时限	奖补金额	奖补对象	奖补内容	奖补主要要求
2022年6月25日至10月10日	1500万元	组团到阿尔山的旅行社	100元/人	组织市外游客在阿尔山市停留1夜（含）以上，游览兴安盟1个5A级景区及其他2个收费景区

备注：①申请奖补的旅行社应同时具备依法依规设立、组织或承接旅游团组资质，申请奖补当年未受到文化和旅游部门行政处罚、无重大旅游安全责任事故；②此政策与《兴安盟扶持旅行社发展实施方案》中20元/人的补贴政策可重复享受；③相关奖补政策由阿尔山市文化旅游体育局负责解释、修改或补充调整。

阿尔山市多方面推动旅游企业，对游客给予切实优惠。在2021年12月第十六届阿尔山冰雪节"百日主播推旅游"活动期间，阿尔山冬季冰雪旅游资源、产品，"温泉+滑雪"特惠轻奢旅游产品等均实施了较为优惠的政策，如阿尔山太伟滑雪场[①]将平日90元/2小时的票价（门市价），优惠至80元/2小时（见表3-12），兴安盟户籍享受门市价八折优惠；阿尔山国家森林公园针对冬季旅游实行《阿尔山国家森林公园2019年冬季门票优惠政策》（门票105元/人、免观光车票，见表3-13），2020年"兴安人游兴安"门票优惠政策将门票减免（针对持兴安盟身份证的兴安盟居民，免门票、观光车票105元/人，2020年5月1日起执行）[②]。

---

① 阿尔山太伟滑雪场是集各种比赛、训练和大众娱乐为一体的大型多功能滑雪场，由西山自由式滑雪比赛训练场和东山高山滑雪娱乐场共同组成。西山自由式滑雪比赛训练场严格遵循国际比赛标准修建，现已成为国家滑雪队自由式滑雪训练及比赛场地。东山高山滑雪娱乐场主要向普通游客开放使用。
② 优惠价格为免景区门票，游客需购买车票：105元/人，阿尔山国家森林公园批复门票价格180元/人，批复观光车票105元/人；（两日有效）实行分票销售。

表 3-12 2021—2022 年太伟滑雪场优惠政策（滑雪价格）

产品	价格（元）			其他优惠政策
	平日	周末	节假日	
	周一至周五	周六、周日	元旦、春节	
2小时	80	110	130	①旅行社提前预订，10 人以下团队返佣 20 元/人，10 人以上团队门市价 6 折优惠；②自带板客户：门市价 8 折优惠，门票另计，以开卡延迟 20 分钟开始计时，以结账停止计时；③身高 1.2 米以下儿童免门票，18 周岁及以下儿童滑雪门市价 6 折优惠，门票不免，现役军人、医生（护士）残疾人免参观门票，滑雪门票不免；④兴安盟户籍享受门市价八折优惠。
4小时	110	130	160	
全天	140	160	190	
门票	30 元/人（保险）			

备注：①日期截至春节前（即 2022 年 1 月 30 日）；②节假日设定：元旦三天假期（2022 年 1 月 1 日至 3 日），春节七天假期（2022 年 1 月 31 日至 2 月 6 日）；③计时方法：租用雪具客户从领取雪板开始，归还雪板结束计时；④滑雪时间超过 2 小时 15 分将按照 4 小时收取滑雪费用，超过 4 小时 15 分钟将按照全天收取滑雪费用。

表 3-13 阿尔山国家森林公园 2019 年冬季门票优惠政策

实行优惠的价格	实行优惠的范围	实行优惠的时间
阿尔山国家森林公园门票 105 元/人、零观光车票政策	旅行社团队及所有游客	2019 年 11 月 28 日至 2020 年 4 月 30 日

备注：根据相关公开资料整理而成。

第四节 实施规范化建设打造高品质核心景区

一、阿尔山国家森林公园是阿尔山市核心景区

阿尔山国家森林公园是阿尔山市的核心景区，总面积 1031 平方千米，是阿尔山·柴河旅游景区（国家 5A 级旅游景区，2017 年）的核心组成部分，由内蒙古大兴安阿尔山旅游开发有限责任公司负责运营。阿尔山国家森林公园是

阿尔山市最主要的旅游吸引物，是阿尔山市核心景区，其规范化建设对阿尔山市旅游可持续发展具有明显的带动作用。

阿尔山国家森林公园拥有金江沟、柴源两个门区，门票价格为180元/人次，两日有效，现有职工653人（不含季节性临时人员），2019年公司总资产3.9亿元。阿尔山国家森林公园景点特色突出，景区旅游资源富集，组合度好，观赏价值高，集原始性、神奇性、多样性于一身，拥有原始森林、火山遗迹、温泉矿泉、高山湿地、河流湖泊、峡谷奇峰、冰雪运动、民俗文化等旅游资源。

阿尔山国家森林公园于2000年2月经国家林业局批准成立。2017年5月在联合国教科文组织执行局第201次会议上获评成为我国第34个世界地质公园，也是目前我国境内最大的火山温泉国家地质公园。2017年2月，阿尔山·柴河旅游景区被评定为国家5A级旅游景区，阿尔山国家森林公园是阿尔山·柴河旅游景区的核心组成部分。近年来，阿尔山国家森林公园先后获得"全国科普教育基地""全国最具影响力森林公园""中国最美森林旅游景区""国家生态旅游示范区"等荣誉称号。

二、阿尔山国家森林公园的开发

阿尔山国家森林公园拥有30余处可开发景点，在这些景点中，有七大天池、九大堰塞湖，有海拔高度全国第三的天池——阿尔山天池，有亚洲面积最大的近期死火山玄武岩地貌——石塘林，有目前国内唯一保存完整的龟背熔岩，有融入大量矿物质和宝贵微量元素的金江沟、银江沟温泉群等宝贵的旅游资源，阿尔山国家森林公园现已基本形成了具有观光、疗养、休闲、度假、健身、娱乐、会议、科考、探险等多功能的服务体系。目前，阿尔山国家森林公园已开发了阿尔山天池、驼峰岭天池、地池、三潭峡、石塘林、杜鹃湖、大峡谷、玫瑰峰、龟背岩、不冻河10处景点（见表3-14、图3-13）。

表 3-14 阿尔山国家森林公园已开发景点

景点	建成时间（年）	景点	建成时间（年）
三潭峡	2002	杜鹃湖	2007
龟背岩	2007	地池	2008
阿尔山天池	2007	大峡谷	2008
驼峰岭天池	2007	玫瑰峰	2009
石塘林	2007	不冻河	2013

备注：作者整理而成。

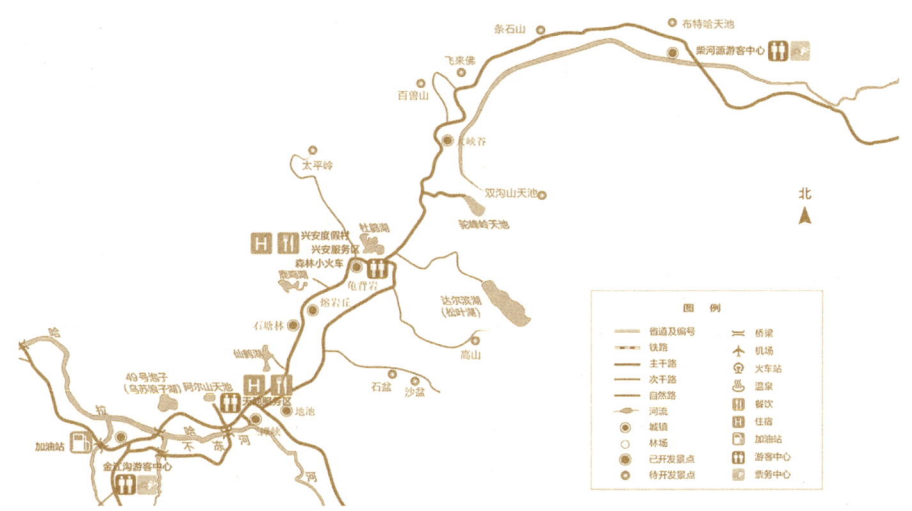

图 3-13 阿尔山国家森林公园主要景点分布

三、不断推动景区规范化发展和带动作用

（一）创立联合督导服务机制

为加强对整个景区服务工作的督导，阿尔山国家森林公园与专业机构建立了紧密的合作关系，由汇景天下（北京）旅游服务有限公司设立阿尔山服务项目，专项参与景区部分管理，共同开展工作包括整改提升方案、综合培训、绩效考核标准化及驻场指导等。服务督导合作时间自 2017 年 3 月至今，以培训

指导+联合管理的方式进行，开展合作以来实现了基本无重大投诉产生，通过有效的服务管理真正实现了5A级旅游景区服务的金字招牌与良好的游客口碑的有机结合。

一是制订整改提升方案。为提高阿尔山国家森林公园5A级旅游景区的硬件设施达标与管理服务水平，依据国家标准《旅游景区质量等级的划分与评定》（GB/17775—2003）从旅游交通、游览、旅游安全、卫生、邮电、旅游购物、综合管理、环境与资源保护八个大项入手，并结合特色文化、信息化等总计10个方面，汇编整理出适用于阿尔山国家森林公园的《5A级整改提升方案》。例如，整改提升内容在完善公共服务体系方面，针对旅游交通可进入性较差、停车场配套不完善、内部交通差等问题提出完善城市标识系统、增强旅游接待能力、提升旅游环境、提升服务质量等意见，并进行了总体筹划。

二是开展综合培训。基于《5A级整改提升方案》，汇景天下（北京）旅游服务有限公司选派专业培训团队对阿尔山国家森林公园全体员工进行综合培训，内容涵盖景区运营管理、服务礼仪、市场营销等方面，培训课程包括《国家5A级旅游景区管理服务》《阿尔山5A级景区行为服务礼仪》《阿尔山5A级景区服务意识》《景区旅游环境管理》《网络舆情管理》等，进一步提升了员工业务素质、服务意识和岗位技能，并且使得景区全员上下对5A级景区这一金字招牌有了新的认识。

三是建立外部驻场指导制度。合作双方工作开展后，专业团队进驻景区，每日对景区日常管理及员工服务质量进行跟踪、指导、检查、监督与考核，发现问题及时纠正指导，落实到人，保障监督成效，使培训效果落到实处，严格按照国家5A级旅游景区标准规范管理服务工作，提升景区管理水平与接待服务质量。

四是推行绩效考核标准化。合作双方工作开展后，结合阿尔山国家森林公园实际情况，针对一、二线员工、各部门制定了《阿尔山景区员工绩效考核方案》《景区日巡检表》《景区员工通用考核细则》《岗位考核细则》等，并结合暗访督导，对景区员工实行打分考核，形成长效机制，把服务培训内容落到实处，真正做到让游客满意，树景区口碑。

（二）旅游标准化贯彻得力

阿尔山国家森林公园在景区建设中始终认真贯彻国家标准《旅游景区质量等级的划分与评定》（GB/17775—2003）的要求，多年来按照5A级旅游景区评定标准不断完善景区建设，精心组织和实施高标准的达标体系，不断探索的同时，高度注重实践，并结合景区实际打造出具有自身特色的服务设施，营造了高水平的服务水平能力。

一是各种标识特点突出、规范、适用。包括导游全景图、导览图、标识牌、景物介绍牌等各类标识造型特色突出（见图3-14）。例如，全景图规范性强且具有特色，全景图正确标识出了主要景点及旅游服务设施的位置，包括各主要景点、游客中心、厕所、出入口、医务室、公用电话、停车场等，并明示咨询、投诉、救援电话，全景图除了在旅游景区停车场、游客中心、检票入口处设立外，在主要旅游节点均有设置，方便游客及时查看。

图3-14　各类标识（标识牌、导览图、全景图）

二是对自然景观保护措施科学。采取科学防控措施有效预防自然和人为破坏（见图3-15），在具体实践中有效设立了防护栏等措施阻止游客触摸、随意进出景观，同时设立了各类警示标志，并有专人进行巡视。例如，观光木栈道建设不破坏沿途树木生长，在设计、施工时注重保护沿途树木，把沿途树木的生长空间预留充足。

图 3-15　景观保护措施

三是全面提升厕所的建、管、养水平。2017 年以来，阿尔山国家森林公园在不断完善景区卫生间基本功能的同时，对各景点厕所内外实施了具有特色性、景观性和地域文化性的硬化、亮化、绿化、美化工程，认真按照《旅游厕所建设管理指南》（国家旅游局 2015 年 4 月颁布）进行建设，总体上达到了布局合理，数量能有效满足游客需要，厕所各类标识醒目美观，厕所建筑造型景观化，注重根据区域环境和文化进行创新设计，凸显林区文化特色，在厕所墙体上张贴了美术作品和温馨提示，显现出浓郁的地域文化氛围。仅2018年，按照3A级旅游厕所标准，阿尔山森林公园在景区内改扩建水冲厕所15座，在原有卫生间基础上，新建成第三卫生间3座，公园内所有厕所充分结合了林区环境，全部使用木质材料，将厕所的建筑融入了当地林区和火山元素，均建设成为"生态厕所"（见图3-16）。

图3-16　景区内旅游厕所

（三）全力打造智慧景区

阿尔山国家森林公园不断推动智慧景区的建设，积极推动旅游资源管理、移动终端服务、景区流量监控、智能导览等系统的有效使用，经过多年努力使景区管理由离散向集约、由粗放向精细、由扁平向立体转型升级，有效助力了阿尔山国家森林公园营造良好的旅游体验。

一是注重加强信息化基础设施建设。阿尔山国家森林公园信息化、智慧化建设起步较早，仅在国家5A级旅游景区创建期间就投入了3700万元，建设了覆盖全景区的服务线路（平台）约62千米，设有94路固定视频头，车载视频头250路，113部车载对讲机，45个广播音柱，19座塔房，中心机房安装部署一台网闸设备。在信息化基础建设基本上，逐步实现和建成了车船定位、票务门禁系统、公共信息发布、视频监控、无线数字对讲、公共服务平台、广播系统、传输网络（lte）、旅游资源管理、电子商务、门户网站、移动终端服务等功能，这些基础信息设施和游客信息通道的建成，在充分保证数据安全情况下，有效地实现了内外网访问互通，景区远程监控等功能，实现了公共平台服务系统内网的运行和维护工作。

二是打造多个智慧平台。2017年以来，阿尔山国家森林公园先后实现了"网络实名制购票""景区Wi-Fi全覆盖""运程监控系统""智能导览""OA办公系统""大数据分析"等系统的上线应用，目前"一个数据中心，两个网络系统（内部局域网和外部互联网），三个管控平台（游客信息服务平台①、旅游市场营销平台、旅游综合管控平台②）"网格系统初步完成，初步建立起以"智慧景区运维中心"为核心的"智慧管理""智慧服务""智慧营销"的三大体系（见图3-17）。近年来，随着智慧景区项目的有序实施和陆续投入使用，阿尔山国家森林公园整体运营管理也变得更加智慧，到访游客在游览过程中信息获得更为便捷，旅游体验更加轻松。

图 3-17　官微上的智慧旅游景区页面及特色旅游商品销售

---

①　信息服务平台主要方便游客通过官网、官微等渠道在游前、游中、游后全方位了解阿尔山国家森林公园，有效提供了包括景区介绍、景区导览、规划路线等内容。

②　综合管控平台包含了公共服务平台、视频监控系统、票务与门禁系统、景区流量监控等多系统的有效融合，一个平台实现了多种功能，做到了有效的互联互通，极大地节约了运营成本的同时便利了管理，有效地提升了为游客服务的力度和水平。

三是设立智能体验中心。2017年，阿尔山国家森林公园在金江沟游客中心设立了景区智能体验中心，智能体验中心使用面积130平方米，智能体验中心共分为5个板块[①]，是阿尔山智慧景区建设中虚拟景区的一项重要内容，旨在通过虚拟现实技术将阿尔山秀美的风光，展现给广大游客。例如，在智能体验中心能与游客顺利交流的智能机器人"小笨"，游客可以通过与"小笨"对话、提问等有效的人机交流的方式，了解阿尔山国家森林公园相关的旅游资讯，为游客提供更好的旅游体验。

（四）重视破解冬季旅游难题

为做好全季旅游，有效平衡旅游淡旺季，特别是针对旅游淡季游客急剧下降，发挥好冬季的旅游资源优势，做好冬季旅游、实现冬夏两旺，阿尔山国家森林公园以"做强旺季，延长淡季，发展全季"为目标，以"两高两旺一节"[②]为营销节点，以大数据为依托的营销策略，发挥"旅游+"的魅力，着力深挖冬季旅游文化，打造出"全季、全域、全业态"的新旅游模式。

一是全力打造冬季旅游产品。根据阿尔山市丰富的冰雪资源，雪期长、雪质好的特点，阿尔山国家森林公园全力打造的冬季旅游产品，近年来投资兴建了阿尔山雪村、阿尔山冰雪乐园、金江沟戏雪乐园等，承办了第十四届阿尔山冰雪节，着力打造了冬季旅游核心吸引力。同时，结合阿尔山市其他旅游资源，如温泉、滑雪、地质博物馆、千里雾凇奇观等，阿尔山国家森林公园营销团队积极开展精品线路设计，有效实现资源互补和协同发展，主动为旅行商提供了性价比非常高的冬季旅游组合产品，为冬季旅游发展奠定了良好的供给基础。

二是注重以政策引领带动旅游市场。从2018年冬季开始，阿尔山国家森林公园所在地区——兴安盟和阿尔山市两级政府出台了冬季旅游奖补政策，极大地刺激了旅行商做热阿尔山旅游产品的积极性。阿尔山国家森林公园营销团

---

① 其中"VR"虚拟现实体验是利用仿真技术与计算机图形学形成的多媒体传感技术，阿尔山国家森林公园目前已经制作了三个版本的"VR"视频素材，游客可以从不同角度，360度全方位地观看并了解景区。

② "两高两旺一节"即"五一""十一"两高、冬夏两旺和春节。

队积极用好、用活奖补政策,开发设计组合产品,不断刺激旅游市场,在主要客源市场——东三省和京津冀进行了广泛的营销和推广,促成众多旅行社开通了阿尔山旅游专列,为冬季旅游的发展奠定了基础。

(五)打造游客投诉零距离暖心服务

阿尔山旅游国家森林公园设立专职投诉办公室负责及时处理各类旅游投诉,保障游客合法权益,显著提高了游客满意度。为有效保证各项工作有章可循,投诉办公室优化了各项规章制度,完善了投诉处理流程,并注重提升投诉服务的业务水平。2019年全年受理各类旅游咨询、救助和投诉中,接听咨询电话数量同比2018年增加26%,投诉电话数量同比2018年下降51%。在认真仔细回答游客咨询的同时,主动提醒游客观光游览时的注意事项,告知游客目前景区景点详细情况、观光车运行方式、景区服务区住宿情况等,为游客提供更加细致温暖的冬季旅游服务。为提升工作人员的业务理论水平,投诉办公室通过组织购买、借阅关于服务行业投诉处理方面的专业书籍,利用业余时间进行学习,提升工作人员的业务理论水平,改进与游客交流时的谈话技巧,增进开拓创新的意识,牢记服务宗旨,为游客排忧解难提供了专业化服务。

(六)新业态助力多元化发展

阿尔山国家森林公园积极筹备建设房车营地、自驾车营地、地球仓宾馆、智能化蒙古包度假群等旅游新业态,增加旅游吸引力,有效延长游客停留时间。例如,阿尔山金江房车(自驾车)营地,位于阿尔山国家森林公园金江沟门区,总面积1.6万平方米,由住宿、野炊、烧烤、野外宿营、补给等多个特色板块构成,能够为国内外房车爱好者提供全方位的服务,现在阿尔山金江房车(自驾车)营地能够不仅成为阿尔山国家森林公园一个亮点,也成为区域性特色旅游的一个新业态。

(七)通过营销团队拓展客源

阿尔山旅游公司紧抓"两高两旺一节"的营销节点,与阿尔山市文化旅游体育局联合,协同阿尔山海神圣泉旅游度假区、天池度假酒店、泉城美景精品酒店等阿尔山当地多家知名旅游企业,以政企联合的方式,常年在周边主要客源市场开展"阿尔山旅游营销推介会"。阿尔山国家森林公园营销系列推介活动，对于加强包括阿尔山国家森林公园在内的阿尔山地区与主要客源地区的业务交流，促进与各地旅游互动，推进阿尔山旅游区域一体化进程等具有积极作用。例如，2019年6月5日在大庆站召开旅游推介会期间，得到了大庆市旅游行业协会、大庆市广播电视台以及大庆市70余家旅行社的大力支持，推介会上阿尔山独特的火山温泉、森林草原、地质奇观等诸多元素，吸引了现场多家旅游企业的关注，"春季踏雪赏花、夏季避暑休闲、秋观多彩森林、冬游原生雪乡"的四季旅游产品、阿尔山地质研学三日游、清凉一夏家庭4日游的团队专属产品，以及阿尔山地区门票优惠政策的相继推出，更是引发了大庆旅游企业的广泛关注，大庆市新闻媒体代表也在参会后做了专题现场报道。

（八）注重发挥核心景区引领作用

阿尔山国家森林注重发挥核心景区的引领作用，在带头开展营销的同时，注重广泛地开展业界协作。例如，为助推阿尔山旅游高质量发展，持续开展与重要客源地区旅游交流，阿尔山国家森林公园的运营企业——内蒙古大兴安阿尔山旅游开发有限责任公司作为牵头单位，在2022年6月17日至19日举行了"2022阿尔山区域旅游企业联合大会"[①]（见表3-15），大会以"以会促创，扬帆起航"为主题，开展与重要客源地区旅游交流活动，有来自辽宁、吉林、黑龙江、呼伦贝尔、兴安盟等省市300余位旅游行业代表参与。大会上，大兴安阿尔山旅游开发有限责任公司总经理张宇、深圳市鼎游信息技术有限公司、深圳市中景旅游有限公司董事长丁东，奇创高级合伙人（副总经理、目的地及乡村营建事业部总经理）王岩，呼伦贝尔旅业旅游集团副总裁左勇和满洲里口岸旅游股份有限公司副总经理刘铭分别作了经验交流发言，大会达到了加强对阿尔山整体的旅游宣传促销，扩大客源市场的目的，同时也助力提升"巍巍大兴安，梦幻阿尔山"旅游品牌的知名度和美誉度。

[①] 大会由中共阿尔山市委员会、阿尔山市人民政府主办，阿尔山国家森林公园的运营企业——大兴安阿尔山旅游开发有限责任公司承办，主要邀请国内知名旅游专家、东北三省各省旅游协会、哈铁旅游集团、呼伦贝尔旅业集团、东三省旅游企业、兴安盟旅游企业、呼伦贝尔市旅游企业、国内知名旅游电商、阿尔山其他旅游景区、兴安盟优质酒店。会议内容是对当前旅游市场分析、如何做好旅游营销、阿尔山市旅游度假区创建介绍、阿尔山市旅游资源推介、行业经验交流、政策解读、战略合作协议签署、景区实地考察等。

表 3-15　2022 阿尔山区域旅游企业联合大会日程

时间	内容
6 月 17 日	全天报道
6 月 18 日 8：30—11：30	1. 阿尔山旅游资源视频循环播放暖场 2. 乌兰牧骑演出开场 3. 主持人致欢迎词介绍本次推介会主要嘉宾 4. 阿尔山市领导致辞 5. 大兴安阿尔山旅游开发有限责任公司领导致辞 6. 阿尔山市聘请专家讲话 7. 旅游行业嘉宾经验分享 8. 旅游企业签署战略合作协议 9. 阿尔山旅游资源推介 10. 乌兰牧骑演出、第一轮互动抽奖
6 月 18 日 14：30—17：30	11. 阿尔山旅游政策解读及产品发布 12. 旅游企业交流分享 13. 第二轮抽奖 14. 推介活动结束，乌兰牧骑互动合唱 15. 晚餐后乌兰牧骑专场演出
6 月 19 日	全天阿尔山国家森林公园考察

备注：根据会议相关资料整理而成。

第四章　国家级旅游度假区建设助力阿尔山市高质量发展

第一节　国家级旅游度假区标准与达标要求

一、国家级旅游度假区标准概述

旅游度假区是以提供住宿、餐饮、购物、康养、休闲、娱乐等度假旅游服务为主要功能，有明确空间边界和独立管理运营机构的集聚区[①]，依据国家标准《旅游度假区等级划分》，分为省级旅游度假区和国家级旅游度假区。经过十余年的发展，我国旅游度假区体系已经初步形成，目前已经形成以63家国家级旅游度假区[②]为核心和以631家省级旅游度假区[③]为基础的旅游度假区梯队。国家级旅游度假区是继国家5A级旅游景区之后，我国旅游行业又一项"金字招牌"，是旅游产品改革创新、旅游业提档升级、旅游目的地建设的重要抓手，比5A级旅游景区含金量更高、创建更难。

1992年《国务院关于试办国家旅游度假区有关问题的通知》从国家层面

---

① 世界范围内看，旅游度假区是在"二战"后迅速发展起来的，20世纪80年代全球已形成一系列成熟旅游度假区，如意大利托斯卡纳、法国普罗旺斯和蔚蓝海岸、瑞士阿尔卑斯山地区、美国南加州地区等。
② 2023年5月19日，文化和旅游部发布《关于确定3家旅游度假区为国家级旅游度假区的公告》。截至目前，我国国家级旅游度假区数量达到63家。
③ 省级旅游度假区最多的是江苏省（55个），其次是浙江省（49个）。

开启了旅游度假区发展之路[①]，在近十多年里，国家先后出台了《旅游度假区等级划分》《旅游度假区等级管理办法》《国家级旅游度假区管理办法》等相关文件，共同构成了"标准＋细则＋管理办法"的国家级旅游度假区建设体系，为国家级旅游度假区的创建构建了科学、完整的路径。经过数十年的发展，我国旅游度假区的地域分布呈现东、中、西部平衡发展的趋势，显著发挥了旅游度假区建设及产业发展对地方社会经济发展的带动作用。

旅游度假区评定主要依据国家标准《旅游度假区等级划分》（GB/T 26358—2010）开展，2011年正式实施，在指导全国旅游度假区建设，推动各地度假业态发展，促进旅游业转型升级方面发挥了重要作用。2019年文化和旅游部根据旅游度假区发展实际，组织对《旅游度假区等级划分》国家标准进行修订。2022年7月新版国家标准《旅游度假区等级划分》（GB/T 26358—2022）出台[②]，2023年2月1日起实施，替代原有《旅游度假区等级划分》（GB/T 26358—2010）。

二、国家级旅游度假区达标要求

在满足旅游度假区基本条件下（见表4-1），新版国家标准《旅游度假区等级划分》（GB/T 26358—2022）中"国家级旅游度假区"划分条件涉及度假资源与环境、度假产品、度假公共服务、管理与运营、市场结构与影响力、生态文明与社会效益六部分共计99条（见表4-2），涵盖了"食、住、行、游、购、娱"旅游及休闲诸多要素，顺应时代特点和行业发展特点。

[①] 1992年10月，国务院正式批准建立11个国家级旅游度假区，分别是大连金石滩、青岛石老人、江苏太湖、上海横沙岛、杭州之江、福建武夷山、福建湄洲岛、广州南湖、北海银滩、昆明滇池、三亚亚龙湾。1993年，国务院批复同意将"江苏太湖国家旅游度假区"下设的苏州胥口度假中心和无锡马山度假中心，分别更名为苏州太湖国家旅游度假区和无锡太湖国家旅游度假区，由此形成了我国最早的12个国家级旅游度假区。

[②] 新版国家标准《旅游度假区等级划分》（GB/T 26358—2022）由文化和旅游部提出，全国旅游标准化技术委员会归口管理，由文化和旅游部、清华大学建筑学院、浙江省东钱湖旅游度假区、广东省东部华侨城旅游度假区共同起草。

表 4-1 新版国家标准关于旅游度假区应达到的基本条件

序号	基本条件
1	应具备良好的度假资源条件，且无多发性不可规避的自然灾害。度假资源类型按照 GB/T 36309 和 GB/T 18972
2	度假环境质量应符合相关国家标准的要求：全年环境空气污浓度符合 GB 3095—2012 的二类区标准；住宿客房声环境质量达到 GB 3096—2008 的 1 类标准；与人体接触的地表水质量达到 GB 3838—2002 的Ⅲ类标准；土壤质量符合 GB15618 和 GB 36600 的要求
3	面积范围应合理、空间边界应明确
4	应具有统一独立有效的运营管理机构
5	应具有经过环境影响评价和批复的总体规划，与国土空间规划相衔接，符合相应管控要求
6	度假住宿设施应品质优良，规模和种类应满足旅游接待需求
7	旅游度假区内用于产权出售的房地产项目总建筑面积与旅游接待设施总建筑面积的比例应不大于 1∶2
8	应满足老幼、母婴、残障等旅游者的需求，配置相应的专用设施和服务
9	应品牌影响力强，市场知名度、品牌美誉度和游客满意度高
10	近 3 年应未发生重大环保事故、重大旅游安全责任事故和重大负面舆情

备注：①作者依据国家标准《旅游度假区等级划分》（GB/T 26358—2033）整理而成；②基本条件共十条，省级旅游度假区、国家级旅游度假区都应该达到。

表 4-2 新版国家标准中"国家级旅游度假区"条件

各部分名称	主要涵盖内容	条文书
度假资源与环境	度假资源（3 条） 度假环境（7 条）	10
度假产品	通则（11 条） 住宿（10 条） 休闲娱乐活动（8 条） 餐饮（7 条） 购物（7 条）	43
度假公共服务	旅游交通服务（6 条） 旅游信息服务（6 条） 旅游设施服务（3 条） 其他保障服务（2 条）	17

续表

各部分名称	主要涵盖内容	条文书
管理与运营	管理机制（2条） 旅游管理与安全生产（3条） 规划与运营（4条） 人力资源（3条） 智慧化（5条）	17
市场结构与影响力	规模与结构（3条） 品牌影响力（3条）	6
生态文明与社会效益	生态文明与环境保护（3条） 社会效益（3条）	6
总 计		99

备注：①作者依据国家标准《旅游度假区等级划分》（GB/T 26358—2033）整理而成；②国家级旅游度假区条件涉及六部分共计99条，根据国家标准《旅游度假区等级划分》（GB/T 26358—2033）"附录A 旅游度假区等级划分条件对照"，条件指向分为"要求、建议、能够"，"要求"指必要条件，"建议""能够"指可选条件；③在国家级旅游度假区条件99条中，"要求"条件90条，"建议"条件6条，"能够"条件3条。

国家级旅游度假区划分条侧重旅游度假要素的全覆盖和度假高质量发展，着重突出度假特色，强化"住"的重要性，突出"游"的丰富性，重要指标点如下：一是国家级旅游度假区面积不小于5平方千米；二是各类住宿设施总客房数不低于1000间，高质量住宿设施的数量合计不少于3处（各处高质量住宿设施的总客房数合计不少于300间）；三是市场规模方面年游客规模宜不低于50万/人/天，年过夜游客规模应不低于25万/人/天，过夜游客平均停留天数应不低于2.5天，过夜游客中省外游客比例宜不低于20%。同时，高度关注度假产品（见表4-3）和休闲娱乐活动（见表4-4），核心度假产品应与主要度假资源的开发利用相匹配，形成常态化、可持续体验，且具有较高接待能力，其日游客容量达到旅游度假区日游客容量的1/4以上。

表 4-3　新版国家标准对"度假产品"的要求

分类	要求
常见的度假产品	包括但不局限于住宿类、餐饮类、购物类、运动类、康养类、文化类、观光游览类、主题娱乐类、儿童亲子类、夜游类、演艺类、会展节事类、科普研学类、蜜月婚庆类、交通融合类、产业融合类等
其他度假产品	不少于 5 种类型，其中包括全国范围内品质优良的度假产品（不少于 3 项）、文化和旅游融合的度假产品（不少于 3 项）、非物质文化遗产转化的度假产品（不少于 1 项）

备注：①作者依据国家标准《旅游度假区等级划分》（GB/T 26358—2033）"8.2.1 通则"整理而成；②常见的文化和旅游融合度假产品包括但不限于旅游演艺、文化遗产体验、主题公园、文化主题酒店、特色节庆展会、文化和旅游综合体、文化和旅游休闲街区、研学旅游、红色旅游、文化主题线路、文创商品，以及其他具有文化特色的各类度假产品。

表 4-4　新版国家标准对"休闲娱乐活动"的要求

分类	要求
类型方面	提供不少于 8 项与核心度假产品相关的休闲娱乐活动
户外活动方面	宜提供不少于 5 项户外休闲娱乐活动
休闲娱乐活动方面	宜提供不少于 3 项常态化的文化休闲娱乐活动
夜间方面	宜提供不少于 2 项夜间休闲娱乐活动

备注：作者依据国家标准《旅游度假区等级划分》（GB/T 26358—2033）"8.2.3 休闲娱乐活动"整理而成。

三、国家级旅游度假区发展历程

经过 2015 年、2017 年、2019 年、2020 年、2022 年和 2023 年的评定，目前全国有国家级旅游度假区 63 家（见表 4-5），分布在全国 23 个省区市，其中浙江 8 家，江苏 7 家，山东 6 家，云南、四川、江西各 4 家，湖南、广西各 3 家，河北、上海、河南、湖北、广东、重庆、陕西、贵州、海南各 2 家，新疆、黑龙江、吉林、西藏、安徽、福建各 1 家。

表 4-5　现有国家级旅游度假区

序号	省市	名单	数量
1	河北	崇礼冰雪旅游度假区、秦皇岛市北戴河度假区	2
2	江苏	南京汤山温泉旅游度假区、天目湖旅游度假区、阳澄湖半岛旅游度假区、无锡市宜兴阳羡生态旅游度假区、常州太湖湾旅游度假区、常熟虞山文化旅游度假区、宿迁骆马湖旅游度假区	7
3	新疆	那拉提旅游度假区	1
4	浙江	东钱湖旅游度假区、湘湖旅游度假区、湖州市太湖旅游度假区、湖州市安吉灵峰旅游度假区、德清莫干山国际旅游度假区、淳安千岛湖旅游度假区、泰顺廊桥—氡泉旅游度假区、鉴湖旅游度假区	8
5	黑龙江	亚布力滑雪旅游度假区	1
6	吉林	长白山旅游度假区	1
7	山东	凤凰岛旅游度假区、海阳旅游度假区、烟台市蓬莱旅游度假区、日照山海天旅游度假区、烟台金沙滩旅游度假区、荣成好运角旅游度假区	6
8	上海	上海佘山国家旅游度假区、上海国际旅游度假区	2
9	河南	尧山温泉旅游度假区、三门峡市天鹅湖旅游度假区	2
10	湖北	武当太极湖旅游度假区、神农架木鱼旅游度假区	2
11	湖南	灰汤温泉旅游度假区、常德柳叶湖旅游度假区、岳阳洞庭湖旅游度假区	3
12	广东	东部华侨城旅游度假区、河源巴伐利亚庄园	2
13	广西	桂林阳朔遇龙河旅游度假区、大新明仕旅游度假区、北海银滩国家旅游度假区	3
14	重庆	仙女山旅游度假区、重庆丰都南天湖旅游度假区	2
15	云南	阳宗海旅游度假区、西双版纳旅游度假区、玉溪抚仙湖旅游度假区、大理古城旅游度假区	4
16	四川	邛海旅游度假区、成都天府青城康养休闲旅游度假区、峨眉山市峨秀湖旅游度假区、宜宾蜀南竹海旅游度假区	4
17	陕西	宝鸡市太白山温泉旅游度假区、商洛市牛背梁旅游度假区	2
18	西藏	林芝市鲁朗小镇旅游度假区	1
19	安徽	合肥市巢湖市半汤温泉旅游度假区	1

续表

序号	省市	名单	数量
20	贵州	遵义市赤水河谷旅游度假区、六盘水市野玉海山地旅游度假区	2
21	江西	宜春市明月山温汤旅游度假区、上饶市三清山金沙旅游度假区、新余市仙女湖七夕文化旅游度假区、赣州市大余县丫山旅游度假区	4
22	海南	三亚市亚龙湾旅游度假区、琼海博鳌东屿岛旅游度假区	2
23	福建	福州市鼓岭旅游度假区	1
		总计	63

备注：根据公开信息整理而成。

现有63家国家级旅游度假区涵盖多种度假类型[①]，主要集中在河湖、山地（森林）、温泉、海滨、主题活动五类。

四、可借鉴的国家级旅游度假区创建经验

目前，内蒙古有6家国家5A级旅游景区（鄂尔多斯市2家、兴安盟1家，呼伦贝尔市1家，赤峰市1家，阿拉善盟1家），但没有国家级旅游度假区（自治区级旅游度假区三批4家，分别是乌海市乌海湖旅游度假区、乌兰察布市林胡古塞旅游度假区、鄂尔多斯市鄂尔多斯草原旅游度假区、阿尔山旅游度假区）。

与阿尔山旅游度假区创建情况相似的是西藏林芝市鲁朗小镇旅游度假区。鲁朗小镇是广东省援藏的重点旅游开发项目，也是全国最大的援藏项目，鲁朗小镇占地面积10平方千米，主要从事生态旅游、酒店及餐饮、观光娱乐项目等配套服务设施的开发经营，以"藏族风情、自然生态、圣洁宁静、现代时尚"为目标（见表4-6），确保旅游度假区"建成后至少20年不落后"。

[①] 常见的度假资源如海滨（海岛）、温泉、冰雪、山地、森林、河湖、乡村田园、古城、古镇、特色村镇、文物与文化遗产、创意设计、节赛演艺、主题活动、气候物产等。

表 4-6 鲁朗小镇功能分区

分区	主要功能
南区	鲁朗国际旅游小镇迎接八方来客的前厅
中区	五星级半开放式酒店群
北区	为独栋酒店区
西区	为北区、中区、南区的酒店提供后勤服务
镇区	藏式商业步行街、特色民居等

备注：根据公开信息整理而成。

西藏林芝市鲁朗小镇旅游度假区自 2011 年 9 月正式获得国家发改委审核批复后，广东省财政先后投入 13 亿元建设基础设施，同时吸引了保利等知名企业投入 25 亿元社会资金参与建设酒店、商业街等配套设施，2016 年 9 月建成，2016 年 10 月开始试营业，2017 年 3 月正式开业，从试营业至参加国家级旅游度假区评定验收仅 15 个月（2017 年 12 月国家级旅游度假区公示）。

鲁朗小镇现有 56 家商户，3 家五星级酒店，100 多家家庭旅馆，2019 年接待游客 82 万人次，实现旅游收入 7852 万元；2020 年接待游客 58 万人次，实现旅游收入 5290 万元；2021 年接待游客超过 53 万人次，实现旅游收入 6500 多万元。鲁朗小镇先后获得国家级旅游度假区、国家全域旅游示范区、中国天然氧吧、国家级文明旅游示范单位等荣誉称号。

鲁朗小镇的开发成效主要体现在三方面：①提高了鲁朗旅游的知名程度；②拓宽了鲁朗居民的收入渠道；③继承弘扬了藏区文化。鲁朗小镇的形成，与其有特色的美食、民俗、文化、旅游、民宿、景观等紧密联系，有效促进了区域文化走向区外、走向国际，也使鲁朗成为赴西藏旅游的热点，为欠发达地区旅游度假区发展模式提供了有效的经验与措施。

第二节　阿尔山国家级旅游度假区创建与难点分析

一、阿尔山旅游度假区建设基本情况

内蒙古自治区党委、政府在推动旅游强区建设中高度重视阿尔山旅游发展，2022年1月的《2022年内蒙古自治区人民政府工作报告》中明确提出"支持黄河'几'字弯、阿尔山、额济纳等优势区块率先发展，打造一批资源深度整合、文旅深度融合的新样板，带动全区旅游从东到西都火起来、一年四季都热起来""支持兴安盟阿尔山创建国家级休闲旅游度假区"，由此，阿尔山旅游度假区相关建设工作进入快车道。

阿尔山市委、市政府高度重视阿尔山国家级旅游度假区建设[1]，明确了阿尔山旅游度假区"国内一流、国际知名"的发展定位，确定了旅游度假区以温泉街为核心规划面积9.51平方千米[2]，构建了"一核、二廊、五片区"的旅游空间结构[3]（见图4-1），打造以温泉度假、森林康养为核心的主题旅游度假产品，构建以城市文化休闲、冰雪运动、生态研学、会议会奖、夜间旅游等为补充的休闲度假产品体系，致力于打造成为国家级旅游度假区，建设成为世界知名的温泉森林康养度假目的地和兴安岭上的休闲避暑家园，并从2022年至2030年做了近期、中期和远期规划（见表4-7）。

---

[1] 2022年2月28日，阿尔山市正式成立阿尔山旅游度假区管理委员会，机构规格为正科级建制，为阿尔山政府直属公益一类事业单位，内设党政办公室、规划建设股、经济发展股、金融财务股、市场开发股5个机构，全面负责阿尔山旅游度假区范围内规划建设管理、旅游事业发展和品牌形象推广等事务。

[2] 规划范围为阿尔山市温泉街及周边地区，北至五里泉，南至阿尔山市南部城市边界，东至温泉街向东扩展2.9千米，西至温泉街向西扩展2.5千米，总面积9.51平方千米。

[3] "一核"：温泉休闲度假核。"二廊"：南北向阿尔善河风情休闲廊和东西向城市自然文化景观廊；"五片区"：（五里泉）湿地生态科普体验区、（丰产沟）森林康养运动度假区、阿尔山城市文化休闲度假区、阿尔山论坛文化创意产业区、阿尔山森林城市风情体验区。

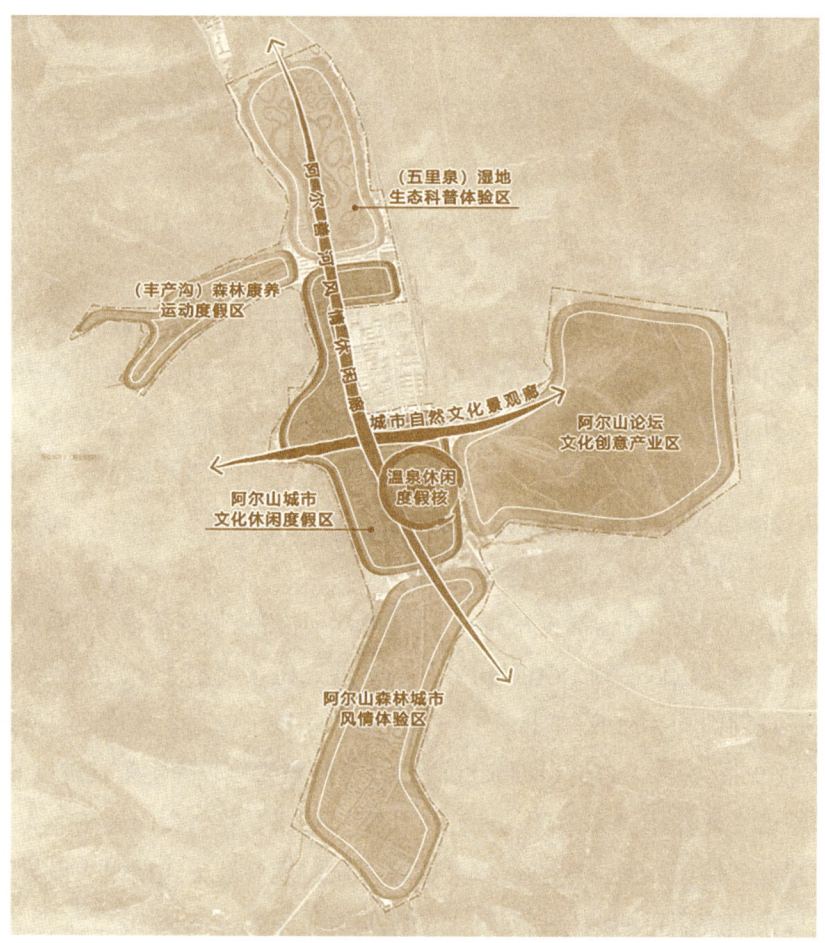

图 4-1 阿尔山旅游度假区空间结构

表 4-7 阿尔山旅游度假区规划分期一览

分期	目标	主要内容
近期（2022—2023 年）	创建国家级旅游度假区	推动重点项目建设和环境优化
中期（2024—2026 年）	形成完善的度假产品体系	合理完善整体规划和空间布局
远期（2027—2030 年）	打造成为国际知名的集温泉度假、森林康养于一体的旅游度假目的地	推动服务层次不断提升

备注：根据相关资料整理而成。

阿尔山国家级旅游度假区创建是阿尔山市、兴安盟乃至全区实现旅游升级发展的标志性工程，开创了内蒙古一体化整体开发旅游度假区的先河。阿尔山市委、市政府对创建工作积极行动、高度重视，全力推进国家级旅游度假区创建工作，对创建国家级旅游度假区所有项目进行全覆盖式梳理，明确32个重点项目（包括城市基础设施、旅游基础设施、旅游产品项目三大类）、206个重点事项为必须完成的"规定动作"，33个一般项目和35个一般事项为"辅助动作"。

阿尔山市针对国家级旅游度假区创建工作所有项目、事项、分值实行市委、市政府主要领导、分管领导、责任部门三级包项挂分责任制，各工作推进组对所承担的各项工作进行全面落实推进，整体工作实行台账式管理，执行日报告、周调度、月总结、季通报制度，确保所有创建项目、任务按期推进，力争通过"以创促建、以建提质"，推动中心城区由"过境地"转变为"目的地"和"优势服务地"，各项工作呈现出良好的开端。

阿尔山旅游度假区建设注重从旅游六要素全面推动旅游产品提档升级，取得较好影响，逐渐构建起以"巍巍大兴安，梦幻阿尔山"整体品牌为统领，要素品牌、行业品牌、景区品牌等为支撑的多层次品牌体系，被列为2022年旅游度假创新案例[①]（见表4-8）。

表4-8 中国旅游研究院2022旅游度假创新案例（按照行政区划排序）

序号	所在单位	特点	简介
1	北京密云·古北水镇（司马台长城）国际旅游度假区	文旅融合打造北方风情度假式小镇	集观光休闲、商务会展等旅游业态为一体的综合性国际旅游度假目的地。依托"长城文化、边关文化、老北京文化"等深厚文化底蕴，复原了诸多历史文化建筑，设立了多个传统文化体验馆。长城文化与水镇景观交相融合的独特体验，使得古北水镇迅速成为京津冀区域最受欢迎的旅游度假目的地之一

---

① 2022年8月26日，由中国旅游研究院主办、兴安盟文化旅游体育局、阿尔山市人民政府承办的2022阿尔山旅游度假大会在阿尔山论坛中心成功召开。本届大会旨在践行习近平生态文明思想，推动阿尔山绿色旅游发展，以"旅游新趋势 度假新动能"为主题，研讨旅游消费新形势下旅游度假发展的新动能和新战略。在大会的成果发布环节，中国旅游研究院张秋实博士代表课题组发布了2022旅游度假创新案例。

续表

序号	所在单位	特点	简介
2	北京环球度假区	主题深度假	世界最大的环球影城主题公园，涵盖多个电影IP。环球度假区自开园后热度不减、话题不断，已然成为北京近两年内搜索和咨询热度最高的目的地之一
3	中宝智游（北京）数字文化有限公司	学龄前亲子文旅实验室	国首个专注于"学龄前亲子文旅"主题研究的机构。该实验室是全实验室将以"洛宝贝"为代表的学龄前动画IP巧妙融入旅游线路，为城市儿童提供近距离沉浸式体验活动，有效地带动了相关亲子文旅产业的发展
4	阿尔山旅游度假区	新时代绿色旅游的地方实践	度假区依托于阿尔山的优势资源，践行习近平生态文明思想，深入挖掘温泉文化、林俗文化、冰雪文化，精心实施一批引领性工程，从旅游六要素全面推动旅游产品提档升级。度假区还制定"一月一节庆"方案，成功举办多个大型节庆活动和高端论坛，逐渐构建起以"巍巍大兴安，梦幻阿尔山"整体品牌为统领，要素品牌、行业品牌、景区品牌等为支撑的多层次品牌体系。目前已启动国家级旅游度假区创建
5	大连金石滩国家旅游度假区	持续创新推动建设世界级滨海旅游度假胜地	1992年经国务院批准成立的全国十二个国家旅游度假区之一。注重以旅游+"度假、文化、体育、康养、研学、婚庆、会展为"主导，坚持生态优先、文旅融合、创新发展，引进和规划建设多个重大项目，致力于打造成"全时+全季+全龄"的旅游目的地，再造世界知名的国际旅游度假区
6	上海佘山国家旅游度假区	依托品牌项目和活动打造千万级流量入口新标杆	是唯一坐落在直辖市的首批国家旅游度假区，是上海市两个"千万级流量"入口之一。近年来，度假区注重品牌创新，以大型活动和国际赛事为纽带，推动度假区经济发展
7	景域集团	"帐篷客"激活在地文化	"帐篷客"是景域集团致力于打造的野奢度假连锁酒店品牌，力图为游客提供高品质的休闲度假体验。旗下的浙江安吉溪龙茶谷度假酒店倡导远离尘嚣、拥抱自然的休闲生活方式，以美丽乡村为底色，创造了"重环境、轻建筑、精布局、玩风情"的全新度假住宿业态

续表

序号	所在单位	特点	简介
8	南京聚宝山旅游产业发展有限公司	旅游体育休闲公园南京聚宝山公园	聚宝山公园是集自然生态教育、休闲运动和休闲商业于一体的市民公园。公园聚焦"休闲"与"体育"两大要素的深度融合,谋划布局三大圈层实现由市民公园向运动休闲消费目的地的蜕变,因地制宜设置了卡丁车等20余项新兴运动休闲项目
9	华侨城华东集团	"三色江南"城市度假理论与实践探索	"三色江南"度假体系是华侨城华东集团聚焦当前微度假、轻休闲趋势,依托华侨城的文旅资源,构建的"点、线、面"结合的特色度假体系
10	复星旅游文化集团	Club Med Joyview千岛湖度假村的精致短途游	地中海俱乐部精准把握城市消费者短途度假需求,在城市周边布局高质量旅游产品,提供精致与灵活的短途假期体验。度假村内G.O快乐管家团队带领客人参与活动也是其一个招牌服务亮点之一,为其赢得了广大消费者认可
11	浙江省神仙居旅游度假区	仙居特色康养度假	致力于打造具有深厚文化底蕴的国家级旅游度假区。度假区以山水、人文和乡村资源为依托,以神仙文化为主题,通过乡村聚落完美展示古村的原始风貌,并在度假区内集中展示灯彩(仙居针刺无骨花灯)、镶嵌(彩石镶嵌)、线狮(九狮图)等国家级非遗项目,有效形成"山上观光运动、生态探险;山下休闲度假、旅游服务"的联动模式,取得良好成效
12	青岛啤酒(西海岸)文旅发展有限公司	青岛啤酒·时光海岸精酿啤酒花园	青岛啤酒打造的沉浸式"啤酒+消费生活"体验MALL。依托内需市场及自身深厚的啤酒文化底蕴和品牌优势,形成了1903时光精酿工坊、啤酒主题度假酒店、威士忌俱乐部、啤酒SPA、1903面包坊、艺刻时光美学空间、婚恋基地七大时尚业态体验项目
13	烟台市文化和旅游局	宣传推介八仙文化主题新IP	烟台市文化和旅游局策划推出了"XIAN游烟台·偶遇八仙"主题活动,设计了专属"偶遇八仙"路线,打造了"八仙文化"主题观光车,还组织研发了一批八仙文创旅游产品,组织策划了国内首部八仙文化主题剧本杀产品《八仙录》,提供了将传说故事转化为文旅消费的创新途径

续表

序号	所在单位	特点	简介
14	成都大邑西岭雪山—花水湾旅游度假区	践行"雪山温泉也是金山银山"理念	借助"窗含西岭千秋雪"的文化影响,大力发展冰雪运动和冰雪文化产业,着力打造"冰雪+"旅游消费场景,建造有单板滑雪公园、冰雪乐园和单双板滑雪学校等场所,并积极承办国际国内滑雪赛事,每年举办南国冰雪旅游节,目前已成为国内知名的滑雪旅游度假目的地
15	云南交投集团经营开发有限公司	读书铺服务区	服务区整体定位为"滇西旅游出发第一站"、云南省"交通+旅游"融合发展的标志性服务区,对服务区读书铺进行了转型升级改造。服务区内设有"彩云驿"品牌超市、博客书局等多个传统商业业态,同时建有休闲景观区、火车VR体验区、奇石展示等五个功能区域。从出行功能延伸到休闲功能,读书铺服务区探索出了"交旅融合"的新道路
16	陕西文化旅游股份有限公司	长安十二时辰主题街区	长安十二时辰是以"沉浸式唐风市井生活"为主题的文旅融合街区,通过空间设计与场景模拟,将唐长安城的繁荣盛景微缩在有限的商业广场空间内,形成了文旅商深度融合的新消费场景。街区复刻影视重要场景,并设计了系列沉浸式产品。自开业以来,街区在游客中广受好评,成为西安乃至国内现象级的文旅IP

备注：根据中国旅游研究院发布的2022旅游度假创新案例整理而成,有改动。

二、创建阿尔山国家级旅游度假区主要难点分析

（一）主题度假资源凝聚仍需提升

主题度假资源是旅游度假区发展的关键因素,旅游度假区主题度假资源应明确、质优且规模大,适于度假产品开发。由于旅游度假区现行标准规定每个度假区的主题度假资源不多于2项,且要求规模质量能覆盖大多数游客群体的需要,由此阿尔山旅游度假区确定的主题度假资源为"温泉"和"森林",从

现有状态看，阿尔山旅游度假区这两类主题度假资源正处于整理阶段，当前规模和质量目前表现不够，自身特色的度假 IP 仍不多。

"温泉资源"以阿尔山温泉群为主，该温泉群（共 48 眼）位于阿尔山海神圣泉旅游度假村（别称：中国温泉博物馆）内，景区于 2003 年获得国家 4A 级旅游景区，现在对外称"阿尔山海神圣泉旅游度假区"，是 2002 年阿尔山海神圣泉疗养有限责任公司在对原阿尔山工人疗养院进行改造建成的集矿泉疗养、旅游观光、温泉洗浴、休闲娱乐、特色餐饮于一体的景区。建成 20 年来，由于温泉资源现有设施（特别是中国温泉博物馆建筑）、开发层次、管理方法均较为陈旧，对照《旅游景区质量等级的划分与评定》国家标准（GB/T 17775—2003），已经不能全面达到国家 4A 级旅游景区标准，现有设施升级改造能力较弱，不能满足游客度假体验需求，无法全方位展现阿尔山旅游度假区"温泉"这一主题度假资源。

"森林资源"较为丰富，但目前具有自身度假特点的森林资源尚未真正有效形成。目前能达到具备完整体验功能的森林度假资源仍不多，阿尔山旅游度假区目前以森林浴道[①]（见图 4-2、图 4-3）、体育公园为代表的森林度假资源尚未全面建成，正处在建设阶段，还未完全发挥作用。

---

① 阿尔山森林浴道项目是阿尔山国家级旅游区创建的森林康养体验类项目，总投资 1600 万元，由大地风景设计并运营。项目立足"生态优先、绿色发展"理念，总体布局呈现"一环多组团"空间结构，"一环"即森林徒步 7 千米大环线，以本地原生态材料分段打造森林疗养步道；"多组团"分别是青鸟驿站组团、森林营帐组团、森林艺术组团、森林亲子组团和瑜伽冥想组团。其特点是依托周边的山形、地貌、林带，用本地原生态材料对原有的 7 千米防火公路进行改造，分段打造了枕木步道、火山石步道、松针步道等不同特色森林疗浴步道，最终形成 3 条步行环线、1 条骑行环线和 8 个休闲体验组团，融入了简餐茶饮、文创售卖、帐篷树屋、科普研学、丛林艺术、瑜伽冥想、自助露营、摩托骑行、真人 CS、射箭、无动力乐园等 10 余种业态。森林浴道项目解决了旅游度假区创建主题产品缺乏的问题，解决了游客看见森林但进不去森林的问题，完善了沉浸式森林康养、休闲研学、避暑度假等功能，延长了游客停留时间，有效推动度假区由"过境地"转变为"目的地"和"优质服务地"。

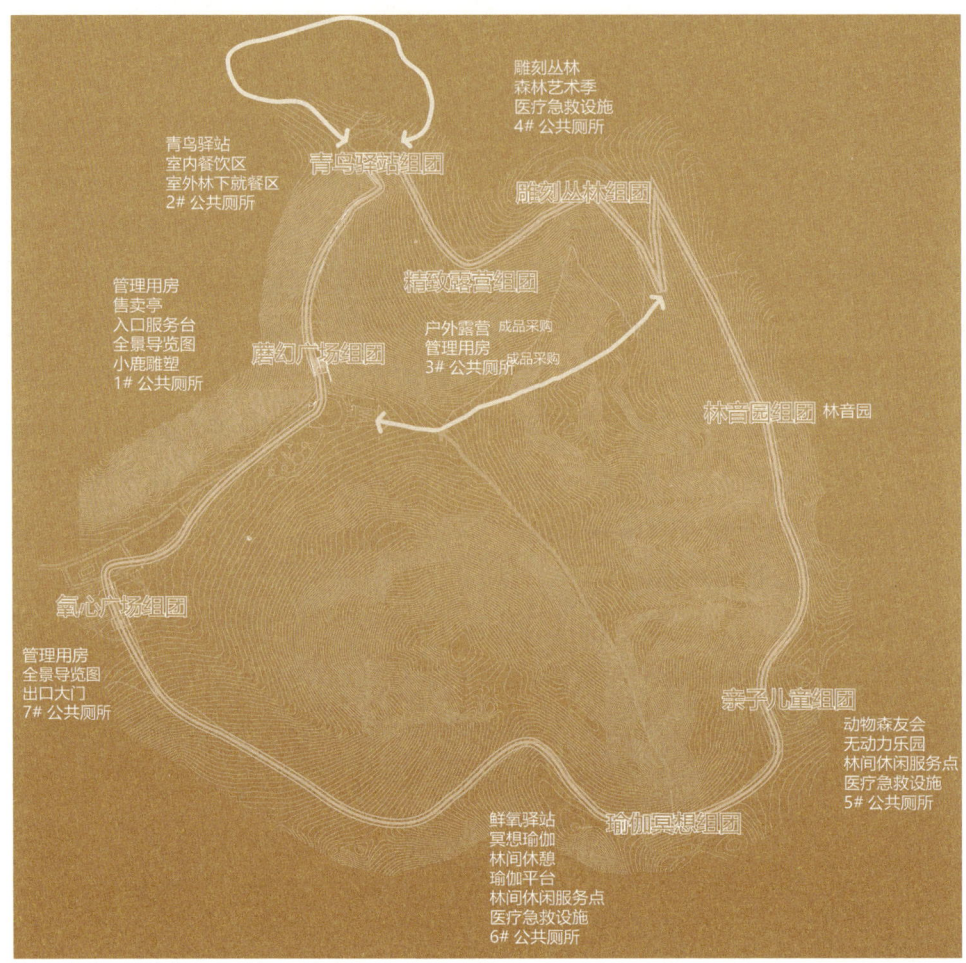

图 4-2 森林浴道项目

备注：森林浴道项目以"一环八组团"为主要特点，①"一环"为徒步环线。②"八组团"为沐风洗尘（正身）—入口服务组团、鸟探瞰（回首）—青鸟驿站组团、帐下清心（清心）—精致露营组团趣味休息设施、艺境观景（观物）—雕刻丛林组团、且听风吟（听音）—林音园组团、返璞归真（归真）—亲子儿童组团、空谷回心（出尘）—瑜伽冥想组团、砥砺前行（旷达）—出口服务组。③趣味节点为树洞乐园、动物友好装置、林间网红移动售卖车、缺位休息设施。

图 4-3 森林浴道项目已建好景观

（二）高质量住宿设施核心作用尚未有效发挥

度假酒店是旅游景区最核心的要素，国家级旅游度假区要求应具备高质量住宿设施，这是国家级旅游度假区创建的强制性标准，也是旅游度假区最核心的产品。游客旅游度假惯常采用的形式是选择一家度假酒店入住，以度假酒店为大本营享受度假时光。阿尔山旅游度假区现有的高端接待设施仍显不足，还缺少国际品牌或国际水准的度假酒店，现有酒店系统无法提供从住宿、餐饮、会务到运动、游乐、教育等产品的一站式服务体系，没有形成不同星级、品质、主题的度假酒店互为补充，目前无法有效的为游客提供多种高端住宿体验选择。

（三）建设国家级旅游度假区多维推动仍需加强

一是综合性旅游集团参与阿尔山旅游度假区需要加强。引领旅游度假区开发的主体光靠本地企业及单一性质的旅游企业是不够的，当前综合性旅游集团、大型企业跨界的进入已经成为旅游度假区开发的主力。阿尔山旅游度假区缺乏有实力的综合性旅游企业和大型企业跨界进入，这对阿尔山旅游度假区高质量规模化开发具有一定影响。

二是多元化创建指导需要强化。目前创建指导、评审材料主要由阿尔山市聘任的辅导团队、评审材料制作团队承担，常态化、多元化的指导工作还需加强。一方面是要对标国家级旅游度假区标注解读、各类迎检工作准备等环节咨询，另一方面不仅指向国家级旅游度假区创建本身，更应就旅游度假区可持续发展和长远规划多方面开展咨询。

第三节 阿尔山国家级旅游度假区创新发展路径

一、加速主题度假资源的形成

以阿尔山旅游度假区确定的两类度假资源——温泉、森林为核心，围绕这两项度假资源开展工作，先凝练和打造好主题度假资源，加快主题度假资源及其衍生产品的建设力度（见表4-9）。特别是加快阿尔山温泉资源（中国温泉博物馆）的提升改造，加快推动拟开展的对其国有化收购，迅速启动对现有温泉资源的重构和针对性建设，力争在2023年上半年形成一个符合游客需求的高等级温泉景区，并在2023年旅游旺季开展运营，以便向游客更好、更全面的展现高品质温泉度假资源。

表4-9 阿尔山旅游度假区主题度假资源及其衍生产品

主题度假资源	主要衍生产品
温泉度假	中国温泉博物馆、海神温泉大酒店、京都将军浴、蒙中医院"阿尔缮"疗法推广服务中心、半坡温泉度假小镇、五里泉圣水广场、五里泉蓝海工业旅游等
森林康养	阿尔山国际医院（康养中心）、健康谷森林浴道、森林星空营地、森林营地及森林康养基地、森林步道及森林康养瑜伽等、健康谷康养中心等

备注：根据相关材料整理而成。

二、以优质服务为核心建设好度假酒店

阿尔山旅游度假区短期内建设国际品牌度假酒店确有困难，但是建设高品质服务酒店的难度不大。一方面要强化政策引导（见附件2《2022年阿尔山市酒店民宿发展扶持政策（试行）》），鼓励新建或改造度假区酒店建设和运营管理，通过各种渠道打造品牌度假酒店；另一方面应在2022—2023年集中力量对定向酒店服务能力做提升培养，如建设具有阿尔山特色的酒店"金钥匙服务"品牌等，打造具有国际服务水准的度假酒店。

三、多层次推动国家级旅游度假区建设任务开展

一是对现有重点项目以赋分指向为核心开展创建工作，应按照旅游度假区"细则一"（强制性指标和综合评价）和"细则二"（资源环境与度假产品综合评价）赋分来安排项目开展，确保国家级旅游度假区各项得分能达到"细则二"要求的国家级旅游度假区达标最低分数"900分"，聚焦旅游度假区9.51平方千米内项目，能得分的项目优先考虑，依照评分细则区分项目轻重缓急，加快推进提分多的建设项目。

二是做好新旧标准的有效衔接。当前旅游度假区评审依托的标准《旅游度假区等级划分》已经发布。新标准由文化和旅游部、清华大学、浙江东钱湖旅游度假区、广东东部华侨城旅游度假区起草，新标准在继续重视度假资源与环境、度假产品、度假公共服务的基础上，更重视管理与运营、市场结构与影响、生态文明与社会效益等方面，应做好新旧标准的对标工作。根据标准和创建实际情况，确定好通过创建工作也无法获得的失分，确保创建分数一段时间内较为明确，坚持从游客的角度出发，以供给更高品质的度假产品为指向开展针对性创建工作。

三是走出去招商引资发挥大企业的带动作用。综合性旅游集团是旅游业的关键，也是旅游目的地建设和发展的核心力量，大型综合性旅游集团在旅游战略发展、旅游业态创新、旅游产品开发中具有不可比拟的优势，应以中国旅游集团20强（见表4-10）、大型企业为指向开展定向沟通、定向招商，建品牌

度假项目，打造旅游度假区精品工程。

表 4–10 2021 年中国旅游集团 20 强提名名单

地区	名单
央企、华北、东北	中国旅游集团、华侨城集团、首旅集团、中青旅控股、美团网、河北旅游投资集团、山西省文化旅游投资控股集团、大连海昌旅游集团
华东	锦江国际（集团）、携程集团、复星旅游文化集团、上海春秋国际旅行社（集团）、华住集团、上海景域驴妈妈集团、南京旅游集团、同程网络科技、浙江省旅游投资集团、杭州商贸旅游集团、开元旅业集团、祥源控股集团、安徽省旅游集团、黄山旅游集团、福建省旅游发展集团、山东国欣文化旅游发展集团、江西旅游集团
华中、华南、西南、西北	建业集团、湖北省文化旅游投资集团、广州岭南商旅投资集团、融创文化旅游发展集团、四川省旅游投资集团、陕西旅游集团

备注：①根据中国旅游研究院发布的公开资料整理而成；②20 强集团排名不分先后，具体按先中央后地方的原则排列。中央企业按国资委对央企排序进行排列；地方企业根据注册地，按国家统计局公布统计数据时地方先后顺序排列，同一省市按照先国有后民营，国有或民营中按照营业收入规模排列。

四是充分发挥多层级咨询指导作用。发挥好旅游行政部门、专业机构等针对性指导作用，特别是利用好文旅部、自治区文旅厅、兴安盟文旅体育局智库专家、专家组的智库作用。像 2015—2017 年兴安盟"阿尔山—柴河旅游区"创建国家 5A 级旅游景区一样，积极邀请相关领域专家、专业人士参加创建指导工作，当时原国家旅游局资源司、自治区旅游局等单位派出了多元指导团队赴景区开展针对性跟踪指导，取得了良好的创建效果。同时积极邀请各领域专业人士为阿尔山国家级旅游度假区把脉，既就创建国家级旅游度假区做具体指导，又要对旅游度假区的产品完善和长远发展做宏观分析和战略提升谋划，从而进一步助力阿尔山旅游度假区高质量发展。

旅游度假区是结合度假经济和区域产业实现一体化发展，以旅游带动区域经济全面发展的一种旅游发展形式。阿尔山国家级旅游度假区创建不仅是提升阿尔山市旅游产业发展水平的有利契机，也是促进阿尔山市基础设施和公共服务的不断完善，有效改善阿尔山市面貌，促进民生改善的最好机会。阿尔山国家级旅游度假区建设，能够更好地助力阿尔山市培育四季旅游品牌，构建以温泉康养中心、冰雪运动中心为核心的四季旅游产品，逐步实现由"夏季火"到

"冬季兴",再到"四季旺",是实现阿尔山市国内一流、国际知名的生态康养旅游目的地的重要路径,是旅游高质量发展带动阿尔山市经济社会高质量发展的具体呈现,是把内蒙古建设成为国内外知名旅游目的地的重要举措,更是深刻落实习近平总书记对内蒙古旅游业发展重要指示的重要行动,是习近平总书记"阿尔山的旅游业一定会火起来"科学研判成为生动现实的重要写照。

附件

附件1 《兴安盟扶持旅行社发展实施方案》（2023年修订版）[①]

一、扶持对象

依法注册登记、纳税，以各种形式组织盟外游客来兴安盟旅游，并在《全国旅游监管服务平台》正常办理业务，一年内未受到旅游行政管理部门处罚的，未发生重大服务质量投诉案件的国内旅行社或备案登记的分社。

二、扶持内容

（一）实施游客招徕奖励政策。对旅行社组织盟外游客到我盟旅游的，5月1日至10月15日，按照每人100元的标准给予奖励；10月16日至次年4月30日，按照每人150元的标准给予奖励。

对招徕游客人数超过10000人的旅行社进行年度排名，前5名的旅行社分别给予30万元、25万元、20万元、15万元、10万元的一次性奖励。

（二）支持旅行社品牌建设。在2023年度的旅行社质量等级评定中，对获得国家级、自治区级表彰的旅行社给予奖励。获得国家级表彰的旅行社一次性奖励10万元，获得自治区级表彰的旅行社一次性奖励5万元。

（三）积极引进优秀旅行社。国内优秀旅行社、品牌旅行社到兴安盟开办

---

① 根据兴安盟文化旅游体育局官微（2023年2月24日）等材料整理而成。

旅行社或分支机构的，除享受与兴安盟本地旅行社同等优惠政策外，在盟内经营一年以上的，且招徕盟外游客达到2000人以上的旅行社一次性奖励10万元。

（四）加大金融支持力度。由盟金融办协调相关银行、担保公司，设立专项信贷产品，降低贷款利率和担保费率，满足旅行社资金需求。

（五）强化导游队伍培养。培养100名优秀导游员，用于解决旅行社导游员人才紧缺的问题，由盟文化旅游体育局对导游员进行统一培训和管理。

（六）落实交通补贴政策

1.对旅行社通过旅游专列组织盟外游客(不低于180人/列)到我盟旅游的，专列运行距离在800公里之内的，按照每人130元的标准给予奖励；专列运行距离在800公里以外的，按照每人150元的标准给予奖励。

2.对通过包机、切位(不低于20人/团)方式组织盟外游客到我盟旅游的，航线运行距离在800公里之内的，按照每人280元的标准给予奖励；航线运行距离在800公里以外的，按照每人300元的标准给予奖励。

3.对通过旅游大巴(不低于80人/团)方式组织盟外游客到我盟旅游的，大巴运行距离在500公里以内的，按照每人30元的标准给予奖励；大巴运行距离在500公里至800公里之间的，按照每人80元的标准给予奖励；大巴运行距离800公里以外的，按照每人100元的标准给予奖励。

同时，对开通固定线路6个月以上旅游直通车（30座以上车型）的旅行社，每人可增加40元的大巴车补贴（旅游目的地为阿尔山市）。

（七）落实就业保障政策。就业补助政策重点向符合条件的吸纳就业、以工代训、青年见习、初次创业的旅游企业倾斜。开发公益服务岗位，保障旅游行业"保安、保洁、安全员、讲解员"等用工需求。对符合条件的旅行社，人力资源和社会保障部门落实社保费"降、免、减、返、补"政策。

三、温馨提示

申请奖励资金的旅行社，符合下列条件之一，即可适用招徕游客和交通补贴的奖励政策。

（一）游览一家5A级景区和1家收费型A级景区，并在兴安盟产生住宿

（另增加景区内交通补贴每人 60 元）。

（二）游览 4 家 A 级景区（收费型和非收费型 A 级景区均可，但游览非收费型 A 级景区的，游客在每个非收费型 A 级景区内体验二次消费项目人均消费额需到达 50 元以上，并提供二次消费发票），并在盟内三星级及以上酒店（包括备案民宿、备案露营地、星级接待户等）住宿 2 晚及以上或者普通酒店住宿 3 晚及以上。

四、其他规定

（一）本方案实施年度为 2023 年 3 月 1 日至 2024 年 4 月 30 日。

（二）为确保 2022—2023 年度旅行社排名奖励政策有效兑现，排名奖励时间将按照 2022 年 10 月 1 日至 2023 年 9 月 30 日执行。

（三）专列的运行距离以专列代用发票显示距离为准；飞机的运行距离以航线距离为准；大巴运行距离为起点至兴安盟境内最远景区（点）的距离，以高德地图显示最短距离为准。

（四）盟文化旅游体育局负责制定奖励资金的申报、审核、支付等具体流程及管理措施，盟外游客人数以全国旅游监管平台数据为准。

（五）鼓励各旗县市人民政府和全盟各 A 级景区管理单位结合方案，制定出台扶持旅游业及旅行社发展的叠加奖励政策。

（六）本方案由兴安盟文化旅游体育局负责解释。

附件2 2022年阿尔山市酒店民宿发展扶持政策（试行）[①]

为发挥政府扶持政策的引导激励作用，激发旅游市场主体活力，提升阿尔山市旅游饭店、旅游民宿品牌影响力和旅游服务水准，推动国家级旅游度假区高质量打造、高标准创建，我市拟出台《2022年阿尔山市酒店民宿发展扶持政策（试行）》。

一、适用对象

该办法适用对象为在阿尔山市行政区域范围内从事旅游饭店、旅游民宿业的企业。

二、政策期限

政策期限为2022年1月1日至2024年12月31日止。

三、扶持措施

（一）根据《旅游饭店星级的划分与评定》（GB/T 14308—2010）标准，鼓励支持有条件的酒店申报星级酒店，对新获评五星、四星的酒店，分别给予一次性120万元、60万元的奖励，奖补名额限定五个名额，以报名先后顺序为准。

（二）根据文旅部制定的《旅游民宿基本要求与评价》（LB/T 065—2019）基本要求，对被评定为甲级、乙级、丙级的民宿，一次性给予30万元、10万元、5万元的民宿扶持奖励，奖补名额限定五个名额，以报名先后顺序为准。

（三）对以委托管理、顾问管理或其他方式新引入洲际酒店集团、锦江饭店集团、温德姆酒店集团等知名高端连锁饭店品牌、投入运营至少两年的，给予每年50万元补贴，连续补贴两年，按年度执行情况兑现奖补（高端连锁饭

[①] 中共阿尔山市委员办公室，2022年6月发布。

店品牌，指中国旅游饭店业协会统计发布的《2020年度中国饭店集团60强》或美国《HOTELS》杂志统计发布的《2020年度全球酒店集团一百强》名单中饭店集团的高端饭店品牌）。

（四）对引入花间堂、寒舍、松赞等受到中国旅游饭店业协会等国家级行业协会或国家行业管理部门认可的国内知名民宿品牌、投入运营至少两年的，给予每年30万元补贴，连续补贴两年，按年度执行情况兑现奖补。

（五）在旅游行政主管部门组织或牵头参与的盟外旅游展会，旅游推介会或其他市场开发活动中，重点宣传获奖励的旅游住宿企业。同时要求同一旅游住宿企业不能因产权方或经营方的变更重复申报奖励补助，但可以通过整改升级，按升级后的最高奖项（标准）给予补差奖励。

获得奖励的旅游住宿企业自获得奖励之日起，两年内必须顺利通过相应等级复核检查。

四、项目申报与审批

（一）申报方式

申报单位备齐申报材料向市文化旅游体育局进行申报。申报材料包括申请报告、申报承诺书、申请表和相关证明材料。

（二）工作流程

1. 受理。市文化旅游体育局对申报主体、申报材料的真实性、完整性、合规性等进行审核，符合要求的则予以受理，不符合的则不予受理并给予书面答复。

2. 初审。市文化旅游体育局组织力量对申报项目进行审核、筛选、评估、论证，提出初审意见。

3. 评审。由文化旅游体育局牵头组织相关部门成立联审小组，负责对初审的申报材料进行评审。

4. 报批。通过评审且无异议后由市文化旅游体育局向市财政局提出资金申请。

5. 拨付。批准后，市财政局按程序拨付资金。

五、监督管理

（一）申请单位最近三个自然年内涉及偷税漏税等违法违规行为受到查处的，发生游客伤亡、食品安全等重大安全责任事故的、发生重大旅游投诉造成较大负面影响的、采用不正当手段扰乱正常旅游市场秩序的、弄虚作假虚报数据，根据公共信用信息平台公示，申报主体存在被处罚处分或失信行为的，一经查实取消当年扶持资格。

（二）申请单位违规拒不接受监督检查的，暂停或停止拨付扶持资金，同时取消后续的申报资格。

（三）获得扶持资金的涉税支出由享受扶持对象自行承担。

（四）在奖励资金兑现过程中，出现破产、倒闭、停业或被有关部门取消等级、降低等级的，未兑现的扶持资金终止兑现。

六、附则

本办法由阿尔山市文化旅游体育局负责解释，并制定具体实施细则。

附件3　阿尔山市2022年夏季旅游市场奖补政策[①]

为进一步发挥旅游业的带动作用，持续激发市场主体活力，助力国家级旅游度假区创建工作，不断提升市场活跃度和影响力，结合阿尔山市旅游业发展实际，特制订2022年旅游市场奖补政策。

一、奖补时限

2022年6月25日至2022年10月10日，奖补资金发放完毕或期限届满为止。

二、奖补金额

奖补总额为人民币壹仟伍佰万元整（小写：15,000,000元）。

三、奖补对象

对在奖补期限内，组织旅游团队到阿尔山旅游的旅行社。

四、奖补内容及要求

（一）申请奖补的旅行社应同时具备依法依规设立、组织或承接旅游团组资质；申请奖补当年未受到文化和旅游部门行政处罚、无重大旅游安全责任事故；组织市外游客在我市停留1夜（含）以上，游览兴安盟1个5A级景区及其他2个收费景区（具体名单附后），每人奖补100元。

（二）凡经核查认定有弄虚作假、削价组团或降低服务标准组团等行为，或有重大旅游投诉，或有旅游安全责任事故的，纳入旅游企业黑名单，并向社会通告，3年内取消其受奖资格，视情节严重依法依规追究其相关责任，直至追究刑事责任。

[①] 阿尔山市人民政府办公室，2022年7月发布。

（三）凡经核查认定有弄虚作假、削价组团或降低服务标准组团等行为，或有重大旅游投诉，或有旅游安全责任事故的，纳入旅游企业黑名单，并向社会通告，3 年内取消其受奖资格，视情节严重依法依规追究其相关责任，直至追究刑事责任。

（四）旅行社奖补所需材料：

1. 电子行程单（全国旅游监管平台录入、打印）；

2. 游客名单（全国旅游监管平台录入、打印）；

3. 带团导游员导游证及身份证复印件（反正面）；

4. 景区购票发票及门票（备注入园时间、人数）；

5. 与游客或组团社签订的合同（全国旅游监管服务平台的电子合同）；

6. 租车合同及发票、司机身份证复印件、驾驶证复印件（牌号、车型、盖章签字）；

7. 酒店入住机打发票；

8. 现场确认单（电子派团单加盖游览收费景区景点所到之处验讫公章）。

（五）此政策与《兴安盟扶持旅行社发展实施方案》中的扶持政策可重复享受。

五、相关奖补政策由阿尔山市文化旅游体育局负责解释、修改或补充调整。

兴安盟列入奖补景区名录

序号	A 级	旗县	旅游景区名称
1	AAAAA	阿尔山市	阿尔山—柴河景区
2	AAAA	阿尔山市	阿尔山海神圣泉旅游度假区
3	AAAA	阿尔山市	奥伦布坎旅游景区
4	AA	阿尔山市	阿尔山市口岸景区
5	AA	阿尔山市	阿尔山市白狼峰景区
6	AA	阿尔山市	阿尔山市北纬 47° 风情小镇旅游度假区
7		阿尔山市	好森沟景区

续表

序号	A级	旗县	旅游景区名称
8		阿尔山市	玫瑰峰景区
9		阿尔山市	阿尔山市雪村
10		阿尔山市	阿尔山市白狼林俗村
11		阿尔山市	亲爱的客栈
12		阿尔山市	阿尔山市论坛中心
13	AAAA	乌兰浩特市	乌兰浩特市天骄天骏生态旅游度假区
14	AAA	乌兰浩特市	蒙牛乌兰浩特工业旅游区
15	AAA	乌兰浩特市	内蒙古民族解放纪念馆
16	AA	乌兰浩特市	乌兰浩特市敖包相会兴安稻海风景区
17	AAAA	乌兰浩特市	成吉思汗庙景区
18	AA	乌兰浩特市	神骏湾旅游度假区
19	AAAA	科右中旗	兴安盟翰嘎利—五角枫旅游区
20	AA	科右中旗	蒙格罕山生态旅游景区
21	AA	科右中旗	科右中旗博物馆
22	AA	科右中旗	科右中旗巴音敖包生态度假村
23	AA	科右中旗	中影制作基地
24	AA	扎赉特旗	扎赉特旗国家级现代农业产业园
25	AA	扎赉特旗	扎赉特旗博格达山旅游景区
26	AA	扎赉特旗	多兰湖公园
27	AA	扎赉特旗	绰尔河农耕博物馆
28	AAA	扎赉特旗	扎赉特旗图牧吉国家级自然保护区
29	AAA	科右前旗	科右前旗兴安蒙古包旅游村
30	AA	科右前旗	兴安第一党支部
31	AAA	突泉县	突泉县明星湖旅游度假区
32	AAA	突泉县	赛银花现代农业生态园
33	AA	突泉县	突泉温泉滑雪场
34	AA	突泉县	突泉县金柱家庭农场
35	AA	突泉县	突泉县曙光现代农业循环经济园区

附件4　阿尔山市2020年秋冬季旅游奖补政策[①]

为深入贯彻落实盟委关于加快推动阿尔山旅游发展的总体要求，尽快破解我市旅游淡旺季矛盾，促进旅游产业四季全面均衡发展，结合我市旅游业发展实际，特制订以下奖补政策。

一、奖补时间

政策发布之日起至2021年4月30日止。

二、奖励条件和标准

（一）奖励条件

申请奖励的旅行社应同时具备：依法依规设立、组织或承接旅游团组资质；申请奖补当年未受到文化和旅游部门行政处罚、无重大旅游安全责任事故；组织市外游客在我市停留1天1夜（含）以上，游览5A级景区或3个收费的景区景点。

（二）奖励标准

1.奖补期内，以阿尔山市区为中心，旅行社组织500公里以内（含）游客来阿尔山，奖励200元/人；组织500公里以上至1000公里（含）游客来阿尔山，奖励240元/人；组织1000公里以上至2000公里（含）游客来阿尔山，奖励280元/人；组织2000公里以外游客来阿尔山，奖励320元/人。

2.奖补期内，与阿尔山市文化旅游体育局签订市外游客输送协议且完成目标的旅行社，输送5000人以上（含），一次性奖励1万元；输送1万人以上（含），一次性奖励2万元；输送2万人以上（含），一次性奖励4万元（该条与第一条可以重复享受）。

3.淡季奖补期间，旅行社组织市外游客到5A级景区游览，人数达到5000

[①] 阿尔山市人民政府办公室，2020年9月发布。

人的，一次性奖励 10 万元；人数达到 1 万人的，一次性奖励 20 万元；两年淡季奖补期间组织人数超 5 万人的，一次性奖励 50 万元；三年淡季奖补期间组织人数超 10 万人的，一次性奖励 100 万元。（该条与第一、二条可重复享受，由大兴安阿尔山旅游开发有限责任公司负责审核并兑现）。

4. 奖补期内，与我市 5A 级景区签订协议的网络销售平台，每销售一张票奖励 100 元（不重复享受其他奖励政策）。

5. 截至 2020 年 12 月 31 日前，全市 A 级景区对旅行社团队实行免头道门票政策。

6. 全市参与奖补政策的景区景点，对省（自治区、直辖市）级以上文联、美术家协会、书法家协会、摄影家协会、作家协会会员和记者免头道门票，并允许其在缴纳车费后带车入园。

7. 对新开发收费景区景点及游乐项目的，依据影响力，可以通过一事一议的方式给予适当补贴。

8. 2020 年 9 月 1 日至该政策发布之日前，已在阿尔山市文化旅游体育局备案的旅行社团队可以参照享受该政策。

三、奖补程序及说明

奖补实行申报制度，经过申请、确认、核实通过后十个工作日内按标准进行奖补。

（一）具体流程为旅行社上报奖补申请相关材料后，市文化旅游体育局工作人员审核，根据通知上交发票、申请书、审核表。上报地点：阿尔山市文化旅游体育局市场管理股；联系人：孙福臣，电话：0482-7125127。

（二）凡经核查认定有弄虚作假、削价组团或降低服务标准组团等行为，或有重大旅游投诉，或有旅游安全责任事故的，纳入旅游企业黑名单，并向社会通告，3 年内取消其受奖资格，视情节严重依法依规追究其相关责任。

四、奖补所需材料

（一）团队奖补所需材料

1. 电子行程单（全国旅游监管平台录入、打印）；

2. 游客名单（全国旅游监管平台录入、打印）；

3. 带团导游员导游证及身份证复印件（反正面）；

4. 付费景区购票发票及门票（备注入园时间、人数）；

5. 与游客或组团社签订的合同；

6. 为游客缴纳的人身意外保险单；

7. 租车合同及发票、司机身份证复印件、驾驶证复印件（牌号、车型、盖章签字）；

8. 酒店入住机打发票；

9. 现场确认单；

10. 机票或与民航公司签订的合同，火车票、汽车过桥费、加油发票。

（二）网络售票平台奖补所需材料

1. 与5A级景区签订的合作协议；

2. 景区票务后台订单信息，游客购票名单及身份证号码。

（三）新开发收费景区景点及游乐项目奖补所需材料

1. 新开发收费景区景点及游乐项目正式实施营业前15个工作日，向阿尔山市文化旅游体育局申报、备案；

2. 新的旅游产品和项目在线上（或线下）宣传发布的相关文字信息及图片资料；

3. 能充分说明新开发的收费景区景点和游乐项目实际效果的文字和图片信息以及其他需要提供的佐证材料。

五、相关政策由阿尔山市文化旅游体育局负责解释、修改及补充调整。

附件5　关于《阿尔山市2020年秋冬旅游奖补政策》的解读[①]

2020年9月28日，阿尔山市人民政府印发了《阿尔山市2020年秋冬旅游奖补政策》（阿政办发〔2020〕74号），以下简称《政策》，现对该政策解读如下：

一、政策出台背景

为深入贯彻落实兴安盟委关于加快推动阿尔山旅游发展的总体要求，尽快破解阿尔山市旅游淡旺季矛盾，促进旅游产业四季全面均衡发展，支持文化旅游企业积极应对新冠肺炎疫情影响，实现旅游市场复苏回暖。我市以《内蒙古自治区人民政府关于支持文旅产业克服疫情影响加快恢复发展若干措施》（内政办发〔2020〕20号）文件精神为依据，结合旅游业发展实际，特出台了此政策。

二、文件起草过程

我市依据国家、自治区相关政策，在总结往年实践经验的基础上，结合阿尔山实际，起草了《阿尔山市2020年秋冬旅游奖补政策》，先后多次广泛征求各旅行社、旅游景区、宾馆酒店、汽车租赁公司的意见建议，后又召集以上各旅游企业召开政策讨论会，多次对反馈的意见建议归纳梳理和分析研究，进行修改完善，后又《政策》分别经市委常委会会议、市政府常务会议正式审议通过。于2020年9月28日印发，发布之日起正式施行。

三、主要内容

（一）厘清奖励种类概念。本政策分免票和奖补两方面。截至2020年12

[①] 阿尔山市文化旅游体育局，2020年9月发布。

月 31 日前，全市 A 级景区对旅行社团队实行免头道门票政策；全市参与奖补政策的景区景点，省（自治区、直辖市）级以上文联、美术家协会、书法家协会、摄影家协会、作家协会会员和记者免头道门票，并允许其在缴纳车费后带车入园。

针对旅游团队、网络售票平台、新开发收费景区景点及游乐项目，根据政策要求进行奖补。

（二）重新界定奖励游客来源地，以公里数分类。以阿尔山市区为中心，旅行社组织 500 公里以内（含）游客来阿尔山，奖励 200 元／人；组织 500 公里以上至 1000 公里（含）游客来阿尔山，奖励 240 元／人；组织 1000 公里上至 2000 公里（含）游客来阿尔山，奖励 280 元／人；组织 2000 公里以外游客来阿尔山，奖励 320 元／人；

（三）新增针对淡季奖补政策和新开发收费景区景点及游乐项目奖补政策。淡季奖补期间，旅行社组织市外游客到 5A 级景区人数达到 5000 人的，一次性奖励 10 万元；人数达到 1 万人的，一次性奖励 20 万元；两年淡季奖补期间组织人数超 5 万人的，一次性奖励 50 万元；三年淡季奖补期间组织人数超 10 万人的，一次性奖励 100 万元。对新开发具有阿尔山特色的文创商品的，以及秋冬季期间开发出新开发收费景区景点及游乐项目，依据影响力，可以通过一事一议的方式给予适当补贴。

我市通过对阿尔山市旅游营销奖励政策的不断优化，实现用政策去推动和活跃目标客源地市场，充分调动旅行社积极性，引导和延长游客在阿尔山的停留时间，进一步提升阿尔山的旅游知名度和美誉度。

附件6 阿尔山市电子商务进农村综合示范项目"电商+旅游"实施方案[①]

以国家级电子商务进农村综合示范项目为契机,按照阿尔山市"夯实基础、培育产业、改善民生、加快发展"总体思路和"旅游+"总体战略,加快经济发展方式转型,加快农、林、牧、特、旅游产品电子商务的融合发展;以区域电子商务公共服务体系建设为抓手,培育新的经济增长点和打造区域竞争制高点。坚持政府推动、市场主导、产业联动、强化应用、创新农村电子商务模式和发展推进机制及配套政策措施,调动和发挥各行各业积极参与农村电子商务建设,拓展旅游产品、农林牧特产品销售市场,打造农村电子商务双向流通渠道,增加农民收入,提升农民生活水平,建设农村电子商务生态服务体系。为全面贯彻落实我市电子商务进农村综合示范工作,将发展电子商务与实施"电商+旅游"有机结合起来,扎实推进电子商务扶贫工作,计划87万元用于打造互市贸易点,制定本实施方案。

一、指导思想

从阿尔山实际出发,推动电子商务特色生态旅游产业、农林牧特产业的融合与发展,培养一批电子商务行业龙头骨干企业,实现电子商务与传统产业的共同繁荣,打造极具阿尔山特色的互联网+旅游(全域旅游、四季旅游、乡村旅游等),以阿尔山市五大发展理念为基础(全局联动、全景覆盖、全业融合、全季经营、全民参与),搭建"乌阿海满""一核两廊三环四大休闲景区"电商服务架构,实现景区景点和旅游资源的点线结合。扶持乡村观光、林下休闲、园中采摘等电商旅游方式。促进城区、景区、园区和乡村旅游集聚区的互联互通,促进电子商务产业链融合发展,形成产业化、高效性、独具特色的阿尔山市电子商务进农村牧区模式。

[①] 阿尔山市商务经济信息化局,2020年8月发布。

二、目标任务

旅游业要发展，必须依靠边境互市贸易。阿尔山市旅游景点多，通过开展跨境探亲游、购物游等，可以促进旅游业的发展。建立中蒙阿尔山互市贸易点可以在边境地区之间形成更加紧密的经济贸易联系，加速阿尔山市经济发展，提升经济的总体发展水平，有利于实现边境的社会政治稳定。发展跨境电子商务，通过"线下体验+线上销售"模式，积极促进两国商贸流通业和旅游产业快速发展。

三、建设内容及资金安排

利用阿尔山市口岸联检区监管库改造成互市贸易点。对原海关监管仓库进行地面平整加镶瓷砖、屋顶吊棚粉刷、墙体固定石膏板粉刷、屋顶吊灯、库内外门修复及安装、摆放摊位货架等改造，资金来源于电商进农村中央财政专项资金100万元。

四、保障措施

（一）加强组织领导。充分发挥旗电子商务进农村推进工作领导小组作用，制定推动"电商+旅游"工作措施、政策措施，建立促进"电商+旅游"工作协调机制，研究解决"电商+旅游"遇到的困难问题，确保收到实效。

（二）加强协调配合。各有关部门要对照各自工作任务。要围绕"电商+旅游"工作，立足自身职责，加强协作，密切配合，紧密协作，通力合作，加强联络协调，切实落实各项政策，完善服务体系，以"电商+旅游"为基础，共同推进全市全域旅游工作快速发展。

（三）大力宣传推广。与国内知名第三方旅游网进行对接，如马蜂窝旅游、阿里旅行、途牛网、去哪儿网、携程旅游网、乐途旅游网、驴妈妈旅游网等知名旅游网，可以把阿尔山市旅游网与这些第三方成熟的旅游平台对接，形成全方位的展示，进行全国推广，便于全国的游客查找、浏览，以提高阿尔山市旅游的全国知名度和关注度

（四）落实发展目标

结合阿尔山的旅游资源优势，阿尔山市"电商+旅游"建设将极大地丰富景区的管理手段和营销手段，为现代新旅游、新传播、新行为、新市场、新模式提供高科技服务，并将游戏性的吸引力和亲和力融为一体，将生态环境容量、景区安全领域优化整合，使其成为一种新的科技旅游，提升景区的品牌形象和社会形象。

附件7 阿尔山市国民经济和社会发展第十三个五年规划纲要[①]

第二章 发展条件

第一节 自身优势

自然资源富集，文化历史底蕴深厚，组合优势突出。矿泉资源独特，具有"独、大、奇、多"等特点，拥有世界罕见的矿泉群，以及冷泉、温泉、热泉和高热泉等多种类型，五里泉被誉为"天下第一奇特大泉"，海神阿尔山圣泉疗养院功能型矿泉群为国家4A级景区。特别是"硫化氢泉"洗浴对人的皮肤、心血管、呼吸系统、神经系统和肾功能皆有良好的作用。冰雪资源雪质好、雪期长，是我国滑雪协会确定的冰雪运动冬训基地。拥有保存完好的火车站、大和旅馆以及飞机场、飞机包、南兴安隧道等一批二战遗迹。分布有天池、地池、杜鹃湖、松叶湖、仙鹤湖、玫瑰峰等一批自然景观。人文资源底蕴深厚，阿尔山市是蒙古民族从森林走向草原的出发地，温泉文化、蒙元文化、林俗文化、冰雪文化历史悠久。植被覆盖率达到95%以上，活立木蓄积量4174万立方米，生态环境好，被誉为"天然氧吧"。拥有天池、好森沟2处国家级森林公园。分布有哈拉哈河、洮儿河、努木尔根河等多条河流，水资源总量达到9.1亿立方米。

对外开放地位突出，中蒙互补性强，合作潜力巨大。我市位于兴安盟西北部，横跨大兴安岭西南山麓，是兴安盟林区的政治、经济、文化中心，也是乌兰浩特通往东北、华北的开放门户和快捷通道。阿尔山口岸已列为《中国图们江区域合作开发规划》中蒙大通道的关键节点，联合国开发计划署规划新欧亚大陆桥的桥头堡，是蒙古国最近出海口的重要节点，也是长吉图开发开放先导区的关键一环，是连接东北亚地区的重要枢纽。

---

① 节选涉及旅游部分。

第二节 面临的机遇和挑战

旅游业发展再添"动力"。2013 年国家出台了《国民旅游休闲纲要（2013—2020 年）》、颁布了《旅游法》，2014 年国务院出台《关于促进旅游业改革发展的若干意见》（国发〔2014〕31 号），强调把旅游消费作为重点推进的六大消费领域之一，升级旅游休闲消费。同时，国家在政策协调、资金投入、人员培训、产业培育等方面将加大支持力度。此外，我国通用航空产业正处在高速发展前的孕育期，2010 年国务院、中央军委出台《关于深化我国低空空域改革的意见》（国发〔2010〕25 号），明确提出推进低空空域改革，到 2015 年我国将开放大部分空域，在全国推广改革试点，建立初步的低空空域运行管理和服务保障体系。2020 年低空空域全面开放，这为阿尔山市发展低空飞行，丰富旅游产品，继续做大做强旅游业，建设国家旅游扶贫试验区和国家生态旅游示范区注入新的发展活力。

第四章 拓展产业发展空间，培育增长新动力

"十三五"时期，仍是我市"打基础、练内功"的关键时期，必须坚持创新发展理念，立足于我市资源禀赋，结合产业发展新趋势、新模式、新业态，围绕旅游业这一战略性支柱产业，做特一产、做活二产、做优三产，明确产业转型发展方向和重点，形成我市未发展发展支撑点。

第一节 做强文化旅游业

优化总体布局。借助阿尔山市被列入国家旅游局首批"国家全域旅游示范区"创建地区契机，推动旅游业由"景区旅游"向"全域旅游"发展模式转变，形成旅游景区（点）南北呼应、互为补充的全域观光格局。市区突出温泉养生主题，白狼镇突出林俗文化主题，天池镇突出特色采摘体验主题，阿尔山口岸突出跨境旅游主题，以海神阿尔山圣泉疗养院功能型矿泉群、五里泉、天池、杜鹃湖、松叶湖、仙鹤湖、玫瑰峰、口岸等为节点的旅游开发格局。强力推进"四条景观带"建设，口岸景区蒙元文化主题景观带，重点推进中俄蒙朝风情园建设、主题雕塑、马鞍连廊、新裕五星级酒店、圣煜汽车主题公园建设。哈拉哈河沿岸山水画廊景观带，围绕"一轴四区"布局，打造集军旅生

活、边防风情、边关贸易、湿地观光为一体的深度体验产品，重点建设主席慰问再现长廊、相思树纪念地、木质仿制哨所景观、哈拉哈河生态观光木栈道、木质观景平台、界碑景点等景观。S203线旅游特色镇体验景观带，重点打造明水观景台、明水河林俗小镇、五岔沟航空小镇、牛汾台种苗繁育示范村、蒙羊种羊繁育基地、冷水鱼养殖基地、野生动植物园、花海乐土、白狼峰、太阳谷、蓝海望远山水厂工业旅游基地、白狼雪村、白狼岭顶敖包阔亦田之战主题雕塑等一系列旅游景观。G302线休闲旅游景观带，借助启动另一幅建设的机遇，设立地标性建筑、增设观景台。力争到2020年，旅游人数达到600万人次，旅游收入突破80亿元。

推进景区提档升级。围绕打造"巍巍大兴安、梦幻阿尔山"旅游品牌形象，完善景区内基础设施，整合资源，突出特色，重点支持阿尔山国家森林公园创建5A级景区、国家地质公园创建世界地质公园。进一步完善海神温泉休闲疗养度假区、好森沟景区基础设施。加快口岸三角山、白狼太阳谷、白狼奥伦布坎、好森沟、白狼镇林俗村、鹿村等景区建设。推动金江沟、银江沟旅游度假区开发进度。加快推进中蒙跨境旅游合作区建设，切实形成主题鲜明、各具特色、内容丰富、互为补充的"全域景区"格局。力争到2020年，新增5A级景区1家，4A级景区1家，3A级景区2家。

打造精品旅游线路。依托交通要道和主要节点，集中优势力量全力打造S203沿线、G302沿线、口岸公路沿线"三条景观带"。巩固和发展阿尔山—海拉尔—满洲里精品旅游线路。推动形成阿尔山—扎赉特旗—乌兰浩特—阿尔山旅游环线。继续接通与相邻地区旅游线路，完善市域内旅游线路，开发中心城区联通主要景区的旅游线路，实现以点带线、以线带面发展格局。

丰富旅游产品。围绕建设健康阿尔山，完善四季旅游产品。加快文化旅游融合发展，深入挖掘圣泉文化、蒙元文化、冰雪文化、林俗文化等精髓，积极开发森林、温泉、草原湿地、珍禽佳鸟、河流湖泊等自然资源，大力发展观光游；利用独特的火山地貌，开发地质科考旅游；通过家庭式博物馆、庭院式展览等形式，还原再现林业生产生活场景，开发林业生产作业、林业工人生活、采摘山野菜等体验式产品；在三角山哨所打造总书记走过的巡逻路、总书记留影处以及总书记套餐等重点旅游产品；充分利用日伪时期军事要塞、南兴安遂道、飞机场、飞机包等"二战"遗址，开发红色旅游产品；以阿尔山口岸为依托，积极发展跨境旅游产品；依托雪质好、雪期长等优势，加快冬季旅游产品开发。策划低空飞行旅游产品。努力将阿尔山打造成为生态观光、休闲度假、火山科考三个国家级中心和温泉疗养、冰雪运动、会议论坛三个国际级中心。整合阿尔山市绿色生态旅游资源，发展养生、体育和医疗健康旅游。引进国内外知名疗养和保健机构，探索中医康复疗养、温泉康体疗养、森林氧吧康复、候鸟式养老等康体保健服务，将阿尔山建成北方重要的疗养基地。

开拓客源市场。发挥阿尔山拥有铁路、公路、航空立体交通优势，根据不同旅游产品，分层次拓宽客源市场。围绕跨境旅游，积极开拓蒙古国、俄罗斯及欧洲市场；围绕开发休闲养生旅游产品，积极开拓"长三角""珠三角"客源市场；围绕观光休闲旅游产品，积极开拓东北地区、京津冀地区及周边地区客源市场；围绕观光旅游产品，积极开拓区内旅游客源市场。加大旅游外宣和营销力度，继续加强与央视的合作，加大对重庆、广州、杭州等航线城市的旅游推广力度；以"七个一"活动为重点，通过微博、微信、微电影、动漫等新兴媒体和产品开展宣传；利用机场、车站等公共场所及航班、列车等交通工具进行旅游文化宣传；成立重大活动办公室，高标准、高水平的举办圣水节、森林音乐节、冰雪节，着力塑造"巍巍大兴安，梦幻阿尔山"的品牌形象。

完善配套服务。继续提升旅游综合服务功能。重点抓好：一是加强中心城区旅游核心集散中心和重点镇旅游服务中心建设，其中，中心城区积极开发旅游地产，建设一批星级旅游酒店，其他镇发展家庭旅馆、休闲山庄、林家乐等服务设施，满足不同层次需求。二是在保障饮食安全的条件下，挖掘地方特色餐饮文化，形成具有产业带地域特色的餐饮品牌，营造吃的放心的人文环境，实现"保质"。三是重点开发山野菜、林果、野猪、鹿茸、林蛙和食用菌等林下产品，以及树皮画、林业生产工艺模型等林俗商品，实现购物的"升级"。四是依托有实力的景区、饭店等企业开办旅行社，推出"景区+饭店+旅行社""机场+航空公司+旅行社"等经营模式。引进国内大型旅行社在阿尔山市开办分支机构，形成网络化旅游服务体系。在中心城区发挥游客集散功能，加快建设文化旅游综合服务中心，在重点镇设立二级接待服务中心，在重要景区设立三级服务中心，形成完善的服务中心网络。五是实施平台战略，借助博鳌亚洲论坛品牌效应，积极发展会展经济。深入开展景区创A、宾馆创星、旅行社创品、导游员创佳、旅游服务创优等"五创"活动。

拓宽融资渠道。 探索旅游产业市场化途径，通过银行贷款、发行债券、企业融资等方式，整合利用多方资源，不断拓宽旅游产业发展资金投入渠道。巩固与海拉尔、满洲里的旅游合作，合力打造生态文化旅游示范区。深化林区改革，加强地企合作，引入国内知名旅游经营企业。推进林业企业转换经营机制，做大做强林业旅游企业。创新融资平台机制，发放金融扶贫富民工程贷款，设立旅游业发展基金，促进旅游业发展，实现全民创业。

第十一章 创新体制机制，增强发展活力

第一节 积极争取政策支持

借助阿尔山市被国务院确定为县级资源枯竭城市和列入《大小兴安岭林区生态保护与经济转型规划》的良好契机，完善招商引资、项目建设、配套设施完善等方面机制，创新实施生态补偿机制和衰退产业援助机制等。鼓励引导民间投资通过组建融资平台、设立基金、推广PPP合作模式等方式，进入基础产业、市政公用事业、社会事业等领域，提高民间投资比重。考虑到我市80%从事农业、牧业、林业的人口身份为"城镇户籍"，且无法享受国家惠农政策，致使林区建设举步维艰，争取自治区将新林区建设纳入到新农村新牧区建设范围，享受同等"惠农惠牧"政策。深入推进"扩权强县"试点，推动建设大兴安岭国有林区产业转型试验市，着力解决长期存在着的二元管理体制和有城无地问题，增强县域经济发展活力。在用足用好资源枯竭型城市、大小兴安岭林区生态保护与经济转型、国家集中连片特困地区、国家级扶贫开发工作重点县等政策的同时，启动国家旅游扶贫试验区和国家生态旅游示范区建设，打造试验示范典型。随着阿尔山口岸正式开放，在加快推进"四位一体"口岸建设的基础上，积极争取纳入国家重点开发开放试验区。

第三节 创新和拓宽投融资渠道

抓好资本运作，加快国有资产调查摸底，与五岔沟林业局、白狼林业局组建旅游文化公司，赋予旅游更厚重的文化内涵。利用自治区"金融扶贫富民工程"贷款组建物权融资公司，撬动金融资金、社会资本，通过资金注入、资本整合、资产划拨等方式，做大政府融资平台，努力破解发展林下经济、旅游产业以及推进旅游和文化对接中的金融瓶颈问题。借助国家对地方政府举债实行限额管理的政策，争取自治区政府债券，保障重点公益民生项目需要。探索PPP模式，引入社会资本参与公共服务领域建设。积极争取信贷融资，特别是要用好国家开发银行、农业发展银行等政策性金融、开发性金融机构的信贷政策，进一步扩大保障性住房、基础设施建设等国家鼓励项目的融资规模。

第十二章 谋划重点工程，强化项目支撑

第一节 文化旅游提质工程

整合文化旅游资源，加快推进文化旅游产业融合发展，推进资源资产化管理，提高资源资本化运作水平，打造"巍巍大兴安、梦幻阿尔山"品牌。

专栏2 文化旅游产业重点工程
旅游（38项）。主要包括：阿尔山市金江沟高端温泉度假区项目、阿尔山市银江沟国际会议论坛中心项目、阿尔山市东沟里滑雪场建设项目、阿尔山市白狼林俗雪村建设项目、阿尔山市森林小火车旅游观光项目、阿尔山市白狼峰—太阳谷旅游景区项目、阿尔山口岸界河景区建设项目、阿尔山－松贝尔跨境旅游合作区项目、阿尔山市好森沟国家森林公园建设项目、阿尔山市白狼洮儿河国家湿地公园建设项目、阿尔山市林业生产生活体验地及林业博物馆项目、阿尔山国家森林公园景区基础设施建设项目、阿尔山国家森林公园视频监控（公共服务平台）建设项目、阿尔山国家森林公园环保客车公共交通建设项目、阿尔山国家森林公园特尔美峰等景区基础设施建设项目、阿尔山口岸中俄蒙风情园工程、阿尔山市明水河镇景观园建设项目、阿尔山地质博物馆扩建项目、中国温泉博物馆改扩建工程、阿尔山市室内滑雪、滑冰场建设项目、阿尔山市旅游集散中心项目、阿尔山市林家山庄和林家乐旅游扶贫开发项目、兴安盟白狼南兴安爱国主义教育基地建设项目、阿尔山市林俗文化演艺中心项目、阿尔山市白狼飞仙岭景区项目、阿尔山市红色旅游开发项目、阿尔山市哈拉哈河中蒙旅游观光航运项目、阿尔山公路沿线旅游景观建设项目、阿尔山白狼旅游商业小镇、阿尔山市天池镇生态游乐园建设项目、白狼林业局房车自驾车宿营地建设项目、兴安盟白狼林业局山间雅舍建设项目、阿尔山市狼镇洮儿河景观带建设项目、阿尔山市白狼镇白狼峰契丹洞保护工程、阿尔山市大兴安岭旅游景区一期工程、阿尔山市明水河镇旅游服务中心建设项目、阿尔山市白狼镇旅客服务中心建设项目。

附件8 阿尔山市国民经济和社会发展第十四个五年规划及二〇三五年远景目标纲要[①]

第二章 经济社会发展总体思路和目标

三、战略定位

——"两山"样板城。坚持"生态立市",持续推进生态文明建设,深入践行"绿水青山就是金山银山"理论,守牢生态红线,放大绿色本底;统筹山水林田湖草,系统保护和治理生态环境,进一步加强森林抚育与管护,强化森林草原防火体系建设,不断加强水资源保护,增强涵养水源功能,筑牢祖国北疆生态安全屏障;在探索"绿水青山"转换为"金山银山"实践创新中,形成可复制推广的"两山"理论实践新模式,建成"两山"理论实践创新样板城。

——旅游目的地。依托天然组合的林海氧吧、火山奇观、河湖湿地、冰雪温泉、林业小镇、山野味道等生态优势,全面提档升级旅游基础设施,加强文旅融合,做强做大旅游业;强力推进城市景区化和城市景区一体化建设,不断丰富旅游度假康养业态,努力实现观光模式旅游向沉浸模式旅游转变,打造国内一流国际知名的旅游康养目的地。

——开放桥头堡。坚持生态文化旅游口岸的发展定位,深度融入国家"一带一路"倡议,抓住建设"中蒙俄经济走廊"有利时机,扩大高水平开放,立足"开"的优势,做足"放"的文章,大力发展泛口岸经济,推动"过路经济"向"落地经济"转变;推进口岸和跨境公路铁路、跨境经济合作区、跨境旅游合作区建设,积极发展跨境旅游、跨境物流、跨境电子商务,提高口岸服务水平,打造欧亚大陆桥新通道上重要的口岸节点城市,成为新时代向北开放的桥头堡。

——宜居宜业城。坚持绿色发展,探索把生态资源转化为富民资源、生态

[①] 节选涉及旅游部分。

优势转化为发展优势的新路径,协同推进生态保护与绿色富民,促进"生态产业化、产业生态化",提高生态文明建设可持续发展能力,围绕生态文明建设,构建生态型现代产业体系。建立深入践行"两山"理论的体制机制,优化发展环境,释放发展活力,实现生态和富民双丰收,护美"绿水青山"、做大"金山银山",建成民生富裕、环境优美与自然和谐共生的宜居宜业之城。

——乡村示范区。按照"产业兴旺、生态宜居、乡风文明、治理有效、生活富裕"的总要求,统筹推进农村牧区林区各项建设,推进一、二、三产业融合发展,加快形成乡村绿色发展方式和生活方式。乡村建设要与旅游、教育、文化、康养等产业深度融合,加大环境整治力度,打造和谐宜居的生态环境,疏解整治提升街容街貌、村容村貌,让人民群众"推窗见绿、开门进园",使乡村小镇成为阿尔山旅游环线出彩的特色节点,切实提高人民群众的获得感、幸福感,建成我国美丽乡村示范区。

四、主要目标

根据党的十九届五中全会和自治区党委十届十三次全委会议暨全区经济工作会议精神,按照兴安盟盟委"十四五"的总体战略部署,确定我市"十四五"时期总体目标为"绿色崛起、亮丽中国",经济社会发展主要目标为:实现"七个新":

——综合实力再上新台阶。到2025年,全市地区生产总值达到27.62亿元,年均增长6%;固定资产投资达到23.15亿元,年均增长15%,公共财政预算收入达到2.56亿元,年均增长10%;社会消费品零售额达到13.1亿元,年均增长7%。

——产业创新形成新优势。到2025年,争取建成国家级旅游度假区,全区游客接待量突破1200万人次,旅游总收入突破150亿元,旅游业成为我市国民经济的支柱产业;发展农业循环经济典型模式,形成农林牧渔多业共生、三次产业联动发展的循环经济产业体系;妥善处理好泉水利用和生态保护关系,加快推进产业化步伐,延伸矿泉水产业链,塑造国际知名品牌,培育成为我市重要的生态经济新的增长点。

——生态环境打下新基础。全市原始天然林、人工林得到科学保护,森林覆盖率稳定达到80%以上。林区重点保护物种受到严格保护，无外来有害物种入侵；市域90%以上的草牧场实现禁牧、休牧和轮牧，绿色植被覆盖率要保持在95%以上；形成完善的生态文明建设工作党政实绩考核体系和自然资源资产离任审计制度；将阿尔山建成集旅游休闲养生、文化内涵深刻、民俗民风体验于一体的宜居、宜业、宜游的现代文化城市。

——基础设施得到新完善。提升阿尔山机场航空、铁路、城镇道路、旅游区道路综合交通服务功能，加强与兴安盟、呼伦贝尔、满洲里、锡林郭勒盟北部、通辽北部的互联互通，构建通畅的交通运输通道。推进产城融合发展，实现以产兴城、以城促产，进一步完善"一心、一环、两轴、多点"的空间格局。

第四章 落实绿色理念 推动经济高质量发展

第二节 切实加快旅游产业提档升级

坚持把旅游业作为首位产业来抓，持续在发展"全域旅游、四季旅游"，扩大旅游品牌知名度上发力，不断促进旅游产业高质量发展，到2025年，争取建成国家级旅游度假区，全区游客接待量突破1200万人次，旅游总收入突破150亿元，旅游业成为我市国民经济的支柱产业。

一、积极推进全域旅游

围绕全域全时旅游进行整体规划，实施旅游资源综合开发战略，按照"城镇即旅游、旅游即生活"的原则，将各种要素聚合、各种功能叠加、各种价值放大、各种利益共享，以景区模式规划建设城市，逐步形成阿尔山全域每一个元素都具备旅游标准，每一个单位和个人都是"元素"，每一个地区和建筑都是"符号"，实现城市景区化、景区与城市的高度融合，建成特色鲜明的全域生态休闲旅游目的地。

二、实施"旅游+、+旅游"战略

依托"教育+旅游"，通过引植入园、建档办证方式，把教育园区打造成"花园式"研学园；依托"气象+旅游"，利用新一代多普勒雷达建设项目，打造高山观景平台和气象科普馆，发展观光游、科普游；依托"种养+旅游"，

发展特色养殖、农畜产品、林下产品休闲观光游等。充分借助"互联网+"，结合旅游承载量测评工作，加快构建起集运行监控、信息资讯、应急指挥等功能为一体的旅游大数据平台，全面推行门票"一卡通"工作，不断提升旅游智慧化水平。扎实推进"航旅融合"发展，积极探索由政府主导、航空助力、旅企运作的"航空+旅游"模式，推出"机票+景区""机票+酒店"等组合产品，搭建空地联运航旅平台，从而实现有机融合、互惠互利。

巩固旅游扶贫试验区成果。大力发展乡村旅游，加强乡村旅游整体综合规划，与城市、旅游景区建设统筹考虑，成为有机结合整体，形成完善的旅游产业链条。通过乡村旅游的发展，全面提升全域旅游整体服务水平。通过乡村旅游的发展建设，将旅游与生态文化紧密融合在一起，充分展示当地林俗文化、冰雪文化、矿泉文化等。结合旅游扶贫，扶持当地居民参与旅游业，促进贫困户就业，实现旅游富民。加强乡村旅游人才和旅游从业人员的培养、培训，提升从业人员的整体素质。加快建设与相关扶贫的自驾车露营地、驿站及"六小工程"（一个停车场、一个旅游厕所、一个垃圾集中处理站、一个医疗急救站、一个农副产品商店、一批标识牌），建立旅游巩固脱贫成果的长效机制。

三、构建旅游业发展新格局

科学整合旅游资源、线路、产品，完善"两区、三园、四线"[①]发展的格局。充分发挥阿尔山东邻扎兰屯市，西与锡林郭勒盟及蒙古国接壤，北与呼伦贝尔新巴尔虎左旗、鄂温克旗毗邻，南与兴安盟科右前旗相接的独特区位优势，整合周边地区旅游资源，建成内蒙古旅游黄金区域的旅游核心区。完善森林探秘、林海雪原、温泉休闲、火山遗址、神秘天池、氧吧消暑、蒙元文化产品体系，优化旅游发展空间布局，率先建成自治区全域、全时旅游示范区。实施龙头企业培育工程。坚持做优增量，加快复合型旅游景区开发建设，做精存量，实施重点旅游景区升级改造工程，积极推动旅游一体化发展。以大兴安阿

---

① 两区、三园、四线：两区：旅游度假服务区，包括伊尔施、温泉雪街、银江沟旅游综合服务接待中心、行政管理中心，交通枢纽中心；口岸旅游服务区。三园：阿尔山国家森林公园、阿尔山国家地质公园、好森沟国家森林公园。四线：草原湿地生态游线，温泉雪街—伊尔施—口岸；森林峡谷生态游线，温泉雪街—白狼镇—牛汾台—五岔沟—西口—明水；林俗风情体验游线，好森沟—二道河子外站—明水；地质奇观生态游线，伊尔施—金江沟—平原林场—好森沟。

尔山旅游公司为龙头，有效整合资源、提高效益，加快形成岭南岭北差异经营、优势互补的格局。充分利用阿尔山火车站、大和旅馆以及飞机场、飞机包、南兴安遂道等一批"二战"遗迹，打造爱国主义教育旅游基地，完善旅游线路。全面启动雪村二期工程，进一步建设完善A级旅游厕所、规模以上生态停车场，推动10个自驾游驿站和10个汽车营地及冬季旅游停车场建设。积极推动乌兰浩特—阿尔山—海拉尔（满洲里）旅游观光列车的开启，形成四季旅游观光线。

四、推动旅游业全面升级

推进旅游高端化发展，丰富旅游业态。鼓励发展自驾游、商务游、健康游、产业游等新业态，积极培育会展论坛、研学考察、阳光温泉、婚庆度假游等一批适应各层次游客需要的新产品，形成全年、全业旅游发展新格局。积极发展生态旅游。合理开发生态旅游资源，积极推进高品质旅游综合体项目建设。大力发展文化旅游创意产业。重点建设生态文明馆、蒙元博物馆、雪博馆、水博馆等，并依托现有的地质、温泉、林俗、自然博物馆，全力打造"博物馆之城"。提升旅游公共服务水平。加快构建高标准、全覆盖、无缝衔接的旅游交通体系，完善游客集散中心服务功能，建设一流的旅游标识标牌等标识系统设施，加强旅游景区周边环境整治，加快大数据在旅游产业中的应用，建设旅游数据中心和移动智能服务平台，提升智慧旅游发展的水平。实施旅游服务质量提升行动计划，全面推行旅游服务标准化，推进阿尔山特色旅游商品品牌建设，为旅游者提供更加优质的服务，净化规范旅游市场，不断提高旅游市场的服务能力和水平，让八方宾客在旅居畅游中有更多享受感。

五、完善旅游基础设施建设

积极推动阿尔山旅游综合服务项目建设，打造旅游服务综合体。全力推进金江沟门区建设项目，着力拓展地下空间。全面启动天池、兴安服务区综合体建设工作。进一步完善海神温泉休闲疗养度假区、好森沟景区基础设施。加快口岸三角山、白狼太阳谷、白狼奥伦布坎、好森沟、白狼镇林俗村、鹿村等景区建设。推动金江沟、银江沟旅游度假区开发进度。加快推进中蒙跨境旅游合作区建设，切实形成主题鲜明、各具特色、内容丰富、互为补充的"全域景区"格局。依托阿尔山冰雪、温泉、不冻河以及雪质好、雪期长的独特优势，加快发展冬季旅游，取得更大突破，使阿尔山四季旅游真正火起来。力争到 2025 年，新增 5A 级景区 1 家，4A 级景区 1 家，3A 级景区 2 家。

六、创新体制加大宣传力度

推进管理体制机制改革创新。逐步理顺国有林区旅游管理和地方管理的关系，探索建立区域旅游一体化管理的新体制，努力破解林区两元管理体制机制难题。进一步完善政府搭台，企业运作，开通的 ATA 单证册、落地签证，口岸"A 出 B 进"等政策措施，为发展跨境旅游创造宽松的政策环境。

加大宣传营销力度，拓展国内外旅游市场。以目的地形象打造与营销创新为重点，加强和改进旅游宣传，进一步提升国家公园、温泉胜地、冰雪世界、休闲天堂等旅游名片的知名度和影响力。壮大国内及港澳台客源市场，利用自身优势探索建立与国内旅游热点地区的合作共享模式。积极拓展日韩及东南亚市场，开发欧美等发达国家市场，开拓丝绸之路沿线国家的旅游市场，吸引更多游客走进美丽中国、畅游神奇阿尔山。

专栏 5　旅游、康养建设重点工程

一、实施旅游重点项目，主要包括：

金江沟旅游区提质升级、天池旅游区提质升级、大沙滩旅游、杜鹃湖冬季冰上试乘试驾营地、旅游综合服务配套、景区景点基础设施建设提升、5G 智慧旅游建设、景点改扩建、林俗特色驿站建设、乡村观景台特色旅游产品开发、旅游骑行路、生态产业文化展示馆、旅游观光木栈道、旅游集散中心、中蒙边境跨境旅游合作区基础设施、口岸景区基础设施、滑雪场开发、特色自驾车营地、奥伦布坎森林文化旅游区温泉小镇和大兴安岭野生动植物园建设及景区建设、好森沟森林公园、观光小火车、自驾游驿站、旅游民宿、文旅（扶贫）园区、旅游精品工程、牛汾台村漂流、体验式旅游基地、红色文化基地、房车基地、罗汉峰景点、海神"中国温泉博物馆"改扩建、游泳馆、全域旅游基础设施建设等建设项目。

二、推进旅游康养项目，主要包括：

荆花温泉康养特色小镇、旅游康养基地、国家湿地公园森泽家园等项目。

第四节　加快发展林下产业体系

三、推进农牧业与旅游业的结合

进一步加强农牧业与旅游业的有机结合，依托林下经济基地，发展各具优势的特色观光旅游、生态旅游、森林康养、森林人家、自然教育产业。加快全市农牧业产业化经营步伐，推动建设林下经济为特色的产业园区。积极与林业三局在农牧业发展上寻求合作，着力加强本市特色农牧业产业与旅游景区、休闲农庄、风景景观区的整体联动，将种植、养殖、绿化结合起来，因地制宜，大力发展"庭院经济"，形成美丽乡村小镇观光带。丰富采摘农业、观光农牧业、特色农畜产品购物等内容，使循环型旅游农牧业成为经济增长的新亮点。加快特色旅游商品开发，加强适宜林下经济发展优势品种研发，促进提档升级。

第五章　夯实发展基础 加强基础设施建设

第一节　构建畅通便捷的交通网络

二、优化完善旅游交通网络

积极推进白阿线乌兰浩特至阿尔山段扩能改造工程，协助推动省道308、203公路建设，完成白狼林俗村至国道302、丰产沟至阿杜线、蛤蟆沟至阿扎界公路项目，加快推进边防防火公路和五岔沟至二道河旅游公路项目开工建设。坚持公路建设与生态建设协调发展的原则，加快修建完成3条高等级外部公路，同时依托老林业道路，沿线布局40余处旅游驿站，观景平台，公路小品及骑行绿道，形成10条独具林区特色的风景带。加快完善城镇、景区、景点旅游交通网络，提高进入景区、小镇的舒适度。逐步形成"快进慢游"的交通运输体系。进一步建设完善A级旅游厕所、旅游公路标识标牌、规模以上生态停车场。

第六章　统筹城乡发展 推动乡村振兴

第一节　全面推进乡村振兴

壮大乡村产业体系，推进乡村发展，构建城乡融合发展机制，加强美丽乡村建设，实现基本公共服务一体化发展。

一、发展壮大乡村产业

坚持"绿色兴农兴牧、质量强农强牧、品牌富农富牧"战略，"调优"农牧业产业体系，"调绿"农牧业生产体系，"调强"农牧业经营体系。优化产业布局，加快形成林下产品优势区、冷凉果蔬生产区、卜留克、中草食用菌、种苗、特种养殖等规模化品牌农牧业基地和优势产业带，发展"一镇一业""一村一品",打造一批示范村,大力发展庭院经济,抓好食用菌、种苗和扶贫产业园三大板块发展,夯实农村牧区产业基础,推进城乡一体化发展。继续完善旅游扶贫机制,实施"三小"产业扶贫,建立解决相对贫困的长效机制。加强阿尔山特色产业品牌化建设工作,力争创建2个农牧业林下产品新名片,借助京蒙帮扶进一步深化的契机,积极推进我市面向首都的绿色特色农畜产品、林下产品生产加工输出基地的建设。推进一二三产业融合发展,推动农牧林业与旅游、教育、文化、康养等产业深度融合,深入实施电子商务进农村牧区综合示范,培育农牧业新产业、新业态、新模式,力争建成国家农村一二三产业融合发展示范园1个,支持建设一批乡土经济活跃、乡村产业特色明显、联农带农成效突出的农牧业产业强镇,到2025年形成规模大、层次深、领域宽、业态多的农村牧区产业融合发展新格局。

二、分类推进乡村发展

引导农村人口向中心村镇或较大村镇集聚,有效解决农村空心化、农业边缘化、农民老龄化和返乡农牧民安居养老稳定化问题。促进城郊融合类村庄与城镇一体化发展、基础设施互联互通、公共服务共建共享。持续推进集聚提升型村庄改造,加强基础设施和基本公共服务跟进。加强传统型村落保护,科学保护与开五岔沟、白狼、明水等文化资源,发展特色旅游。鼓励守土戍边村庄发展特色产业,加强边民公共服务保障,实现基本公共服务一体化发展。

第七章 加强区域合作 构建对外开放新格局

第一节 立足口岸优势扩大开放

坚持生态文化旅游口岸的发展定位,深度融入国家"一带一路"、建设"中俄蒙经济走廊"战略,立足"开"的优势,做足"放"的文章,大力发展泛口岸经济,力争实现口岸全年开放,推动"过路经济"向"落地经济"转变,努力打造"四位一体"的生态文化旅游对外开放口岸,使口岸经济成为带动我市经济社会发展的新的增长极。

一、完善开放合作机制

加强人文交流。继续加强与蒙古国在生态保护、教育医疗等领域的交流合作，进一步简化落地签手续，提高通关效率。举办青少年夏令营、艺术表演、语言文化短期培训，开展与蒙古国青少年交流互访活动。加强与蒙古国院校和科研机构合作，重点开展饲料营养及疫病防治技术、牧草优选与栽培技术合作。积极参与中蒙文化年活动。推动在蒙古国建立合作医疗机构。加强与蒙古国在防沙治沙、沙尘暴和荒漠化防治合作，加强天然草原保护和修复合作，建立预防森林草原火灾合作机制，着力把我市打造成为对蒙古国开放的新高地。

二、完善口岸功能

加强口岸基础设施建设，加快建设电子口岸，推进水运口岸季节性开放，建立口岸与内陆港通关协作机制。加快推进中蒙互市贸易区、便民服务大厅、旅游集散中心、停车场等项目建设。安排专人、破阻攻坚，全力推动农畜产品进出口工作，加快推进粮食熏蒸库及配套设施建设，为粮食、饲草、熟肉制品进口提供基础设施条件。加强口岸货物通道建设项目，优化跨境商贸货运通道，建设货运专用通道，实现客货分离。积极利用亚洲开发银行贷款，开展中蒙互市贸易区项目建设及口岸基础设施建设，扩大中蒙双边贸易规模。统筹推进口岸设施与市政基础设施建设，相互融合，提高综合承载能力，建成中蒙合作的服务保障基地。推动阿尔山—松贝尔绿色农畜产品生产加工跨境经济技术合作区建设。积极争取国家、自治区的支持，完善口岸景区旅游基础设施，积极调整优化口岸内部通道，推动口岸景区常态化运营，着力构建起"口岸+园区+产业链"的新格局。

推进哈拉哈河水运及水生态修复工程建设，做好玫瑰峰、门山景区等码头建设，采购环保观光游船，完善口岸观光功能，积极推动水路跨境游破题起步。全力打造国门—界河桥观光通道、口岸旅游环线和门山景区"空中生态廊桥"。科学布局、合理分区口岸纪念林，积极推行"互联网+全民义务植树"模式，广泛开展认种、认养、认捐等多种形式的植树活动，大力传播生态文化，彰显生态价值。

三、大力发展口岸经济

以发展口岸经济为抓手，持续完善口岸基础设施，加快培育打造经济发展新优势。加强与蒙古国沟通合作，积极推动阿尔山—松贝尔口岸实现全年开放，协助办好中蒙绿博会、"一带一路"文旅商品展洽会等活动，深化与蒙古国地方政府在文化旅游、农牧业、医疗教育、温泉矿泉等领域合作。积极参与打造蒙古国—兴安盟旅游大通道，合作开发阿尔山—乔巴山—斡难河跨境旅游线路，建设阿尔山—松贝尔跨境旅游合作区，引导企业在蒙古国东方省哈拉哈高勒县神鸦山旅游度假区投资建设旅游点，全面打造中国·阿尔山东北亚旅游贸易博览会特色旅游品牌。扶持出境与边境游旅行社发展，鼓励设立跨国合资或独资旅游集团，合作开发旅游产品。打造边境旅游环线，引入餐饮、歌舞、民宿体验等蒙古原生态旅游项目，打造东部口岸蒙古观赏马进口基地。要大力推动边贸银行建设，推动扩大中蒙本币互换和扩大双边本币结算规模。全力与企业联合打造阿尔山—松贝尔边民互市贸易区，顺畅边民互市贸易，提升民间资金的使用效率。

加快产业合作开发。鼓励更多有条件的企业走出去，探索建设境外生态农牧业产业园，推动经济合作向纵深发展。探索合作建设一批产业基地，推广"境外初加工—境内精深加工"的跨境加工模式，提高资源就地加工转化比重。积极支持企业共建果蔬、粮油、牧草、现代养殖等农牧业基地，发展饲草、乳、肉、绒、皮、毛等绿色农畜产品生产加工业和能矿合作。力争到2025年口岸进出口贸易达1亿元，过货量达到30万吨，过境人数达到3万人次。

第二节 立足特色深化区域合作

深耕区内区外两个市场，加强与周边旗市的协同合作，深化京蒙帮扶合作，进一步拓展国内的合作领域，构建区域合作对内开放的新格局。

一、推动建立协同发展机制

继续深化"乌阿海满"、"两山联盟"和"蒙东六旗市区"的交流合作，探索建立协同发展机制。整合优势资源，联合参加国家重要产品、旅游展览会，共同拓展国内外市场，共同打造区域产品与旅游品牌和形象。共同推动区域旅游产业可持续发展，实现区域内旅游招商项目库信息共享，协调旅游投资优惠政策，建立重大旅游项目开发建设互通机制，避免区域内重复建设低水平、同质化的旅游项目。

二、推动旅游区域一体化建设

深入挖掘"健康阿尔山"品牌效应，在盟统筹推动下，巩固与海拉尔、满洲里的旅游合作，合力打造生态文化旅游示范区，以阿尔山大旅游区为中心，与海拉尔、满洲里、赤塔、乔巴山等地共同构建"生态旅游绿色大三角"，同步构建阿尔山、满洲里、海拉尔"生态旅游绿色小三角"。优先考虑三城市加强区域合作，合理区域分工，便捷基础设施联系，形成资源共享的大旅游圈，成为我国北方与云南昆明—大理—丽江相媲美的旅游度假区域。积极引进大型旅游企业，建设景区及连接阿尔山—满洲里—海拉尔的基础设施和配套服务设施。加强人才培养和在职培训合作，促进区域内旅游从业人员合理流动和提高素质。全力建设冰雪运动场，让"冷资源"发挥"热效应"。

加强与哈尔滨、齐齐哈尔、碾子山、扎兰屯等周边地区合作，进一步突出区域文化旅游特色，丰富"乌阿海满"精品旅游线路和产品。充分借助"互联网+"，加快构建集运行监控、信息资讯、应急指挥等功能于一体的旅游大数据平台，全面推行"旅游一票通"，提升旅游一体化、智慧化水平。

三、继续深化京蒙帮扶合作

充分发挥京蒙帮扶的作用，按照京蒙帮扶工作的要求，立足本职、开拓进取，积极配合北京做好京蒙帮扶工作，继续推动加大社会公益合作，加强产业服务项目建设合作，借助北京助力招商引资工作，推动京蒙帮扶向宽领域、深层次、更持久、更深入、更有效发展。

我市各部门要积极与北京东城区进一步深入合作、频繁互动、积极谋划产业和项目，进一步在党建、人才交流、教育、卫计、产业、商贸、劳务协作、文化旅游等多方面取得积极进展。适应新时代要求，继续加强两地高层频繁互访的良好局面，协商完善帮扶实施方案，形成两地协同发力，全面推进协作发展的新局面。珍惜京蒙帮扶扶贫工作成果，巩固京蒙扶贫工作成果。

继续通过两地相关部门的沟通协商，依托线上线下联动的电商服务模式，将阿尔山的矿泉水、木耳、蒲公英茶、大麦米等特产卖到北京的商超，为我市农特产品开辟精准销售渠道，以此为平台开拓阿尔山农特产品销往全国的途径。依托京蒙帮扶的契机、发挥本地风光旅游特色、利用东城区丰富的旅游资源，以及区位优势、借助国旅集团对阿尔山市旅游业全面推广宣传，优化阿尔山旅游结构，提升旅游品牌知名度，开拓更加广泛的旅游市场。

主要参考文献

[1] 阿尔山市发展和改革委员会.阿尔山市国民经济和社会发展第十三个五年规划纲要［Z］.2016.

[2] 阿尔山市发展和改革委员会.阿尔山市国民经济和社会发展第十四个五年规划及二〇三五年远景目标纲要［Z］.2022.

[3] 阿尔山市统计局.2019年阿尔山市国民经济和社会发展统计公报［Z］.2020.

[4] 阿尔山市统计局.2020年阿尔山市国民经济和社会发展统计公报［Z］.2021.

[5] 阿尔山市统计局.2021年阿尔山市国民经济和社会发展统计公报［Z］.2022.

[6] 阿尔山市统计局.阿尔山市第七次全国人口普查主要数据公报［Z］.2022.

[7] 国家统计局住户办.中国农村贫困监测报告2019［M］.北京：中国统计出版社，2019.

[8] 国务院发展研究中心，世界银行.中国减贫四十年：驱动力量、借鉴意义和未来政策方向（会议版）［Z］.2022.

[9] 李敏，桂玉.中国特色社会主义反贫困战略释义［J］.河南工程学院学报（社会科学版），2022（4）.

[10] 联合国可持续发展大会中国筹委会.中华人民共和国可持续发展国家报告［M］.人民出版社，2012.

[11] 内蒙古自治区统计局.内蒙古统计年鉴（2020）［Z］.2021.

[12] 世界环境与发展委员会.我们共同的未来［M］.吉林：吉林人民出

版社，1997.

［13］宋德义，李立华.国外旅游减贫研究述评——基于经济学理论研究和旅游减贫实践的视角［J］.地理与地理信息科学，2014（3）.

［14］汪三贵，殷浩栋，王瑜.中国扶贫开发的实践、挑战与政策展望［J］.华南师范大学学报（社会科学版），2017（4）.

［15］王金良，姜奎秀.中国为全球贫困治理提供新方案［N］.中国社会科学报，2022-08-24（8）.

［16］王金伟，张丽艳，鹿广娟.旅游与减贫：中国旅游扶贫研究回顾与展望［J］.中国旅游评论，2020（4）.

［17］王晓欢.2021年阿尔山市政府工作报告［Z］.2021.

［18］文化和旅游部资源开发司，文化和旅游部旅游质量监督管理所.2022年旅游景区质量提升案例汇编［Z］.2022.

［19］文化和旅游部资源开发司.中国独家休闲旅游发展示范案例精编［M］.中国旅游出版社，2020.

［20］新华社国家高端智库.中国减贫学——政治经济学视野下的中国减贫理论与实践［Z］.2022.

［21］章杰宽，姬梅，朱普选.国外旅游可持续发展研究进展述评［J］.中国人口·资源与环境，2013（4）.

［22］中国21世纪议程编辑委员会.中国21世纪议程：中国21世纪人口、环境与发展白皮书［M］.北京：中国环境科学出版社，1994.

［23］中国旅游研究院.2021年中国旅游经济运营分析与2022年发展预测［M］.北京：中国旅游出版社，2022.

［24］中国旅游研究院.2022旅游度假创新案例［Z］.2022.

［25］中国旅游研究院.关于旅游度假的阿尔山共识［Z］.2022.

［26］中国旅游研究院.旅游度假正当时——2022中国旅游度假发展报告［Z］.2022.

［27］中国旅游研究院.中国旅游集团化发展报告2021［M］.北京：旅游教育出版社，2022.

后　记

感谢中国书法家协会申万胜同志为本书题写书名，感谢阿尔山市人大常委会柏亚斌同志为本书提供照片，感谢中国艺术职业教育学会、阿尔山市人民政府、阿尔山市文化旅游体育局、阿尔山市明水河镇政府、阿尔山市融媒体中心、阿尔山论坛中心等单位给予的支持，在本书调研、出版期间给予了许多工作支持，并提供了许多资料和照片，使得本书内容得以丰富。

本书由"草原英才"工程专项资金资助出版，是内蒙古自治区党委组织部第九批"草原英才"工程入选个人自选研究成果，在项目期间开展了大量的调研，有效助力了本书的集结成册。同时本书也是赤峰学院一流学科（旅游管理）、校级科研创新团队（蒙东地区旅游与文化产业科研创新团队）建设阶段性研究成果。由于能力有限，在本书撰写过程中借鉴和参考了大量的资料，没能一一列举，难免疏漏，在此深表抱歉，这些卓越的成果对本书有很大启发，在此表示深深的感谢。

最后，非常感谢我的学生、朋友在本书资料收集、图表制作、校对等诸多环节所做的大量工作！

2023 年 6 月